- De ti bud -

Guds lov

Dr. Jaerock Lee

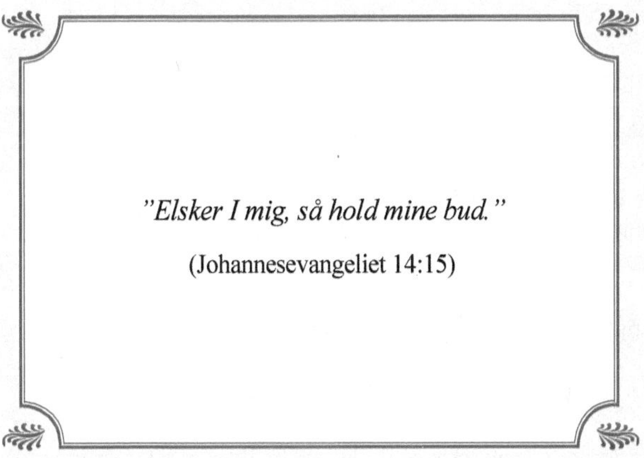

"Elsker I mig, så hold mine bud."

(Johannesevangeliet 14:15)

Guds Lov af Dr. Jaerock Lee
Udgivet af Urim Books (Repræsentant: Sungnam Vin)
73, Yeouidaebang-ro 22-gil, Dongjak-gu, Seoul, Korea
www.urimbooks.com

Medmindre andet bemærkes er alle citater fra Bibelen, Det Danske Bibleselskab, 1997.

ISBN: 979-11-263-0563-6 03230

Tidligere udgivet på koreansk af Urim Books i 2007

Første udgivelse: februar 2020

Redigeret af Dr. Geumsun Vin
Design af Redaktionsbureauet ved Urim Books
Trykt af Prione Printing
For yderligere information, kontakt venligst urimbook@hotmail.com

Forord

I løbet af mit præstevirke har jeg utallige gange fået spørgsmål såsom: "Hvor er Gud?"; "Kan du vise mig Gud?" eller "Hvordan kan jeg møde Gud?" Folk stiller disse spørgsmål, fordi de ikke ved, hvordan de skal møde Gud. Men det er lettere, end vi tror. Vi kan møde Gud simpelthen ved at lære hans bud og adlyde dem. Men selv om der er mange mennesker, som ved dette rent teoretisk, så adlyder de ikke, fordi de ikke forstår den spirituelle betydning af hvert af de bud, som vor Fader har givet os i sin dybe kærlighed til os.

Ligesom ethvert individ har behov for en ordentlig uddannelse for at kunne klare sig i samfundet, så må Guds børn have en ordentlig uddannelse for at kunne klare sig i himlen. Og det er her, Guds lov kommer ind i billedet. De ti bud bør formidles til alle Guds børn, og de skal bringes til anvendelse i ethvert kristent liv. *Guds Lov* er de bud, som Gud har givet os, for at vi kan komme tættere på ham, få hans svar på vores bønner, og holde os til ham. Med andre ord er *Guds Lov* vores adgangsbillet til at møde ham.

Omkring år 1446 f.Kr. forlod israelitterne Egypten, fordi Gud ville føre dem til landet, der flød med mælk og honning, også kaldet Kana'ans land. For at få dette til at ske, måtte israelitterne forstå Guds vilje, og de måtte vide, hvad det rent faktisk betyder at blive Guds børn. Derfor gav Gud dem de ti bud med kærlighed. De er en præcis opsummering af alle hans love, og de blev indskrevet på to store stentavler (Anden Mosebog 24:12). Gud gav disse tavler til Moses, for at han kunne uddanne israelitterne i, hvordan de skulle komme dertil, hvor Gud ønskede, at de skulle være, hvilket vil sige i hans nærvær, og de skulle lære, hvilke pligter de havde som Guds børn.

For omkring 30 år siden mødte jeg den levende Gud, og jeg begyndte at lære og adlyde hans love, mens jeg gik i kirke og deltog i alle de vækkelsesmøder, jeg kunne finde. Først holdt jeg op med at ryge og drikke, så lærte jeg at holde søgnedagen hellig, give tiende med trofasthed, bede osv. I min lille notesbog begyndte jeg at optegne alle de synder, jeg ikke var i stand til at skille mig af med lige med det samme. Så bad og fastede jeg, mens jeg bad Gud om at hjælpe mig med at adlyde hans bud. Og de velsignelser, jeg fik som følge af dette, var ganske overvældende!

Første blev vores familie velsignet rent fysisk, sådan at ingen af os nogensinde blev syge. Så gav han os så store økonomiske velsignelser, at vi uden problemer kunne fokusere på at hjælpe de nødlidende. Endelig gav han mig så store åndelige velsignelser, at jeg nu er i stand til at gennemføre et globalt præstevirke rettet mod verdensomspændende forkyndelse og mission.

Hvis man lærer Guds bud og adlyder dem, vil man ikke alene få fremgang på alle områder af livet, men også være i stand til at opleve en herlighed så klar som solen, når først man kommer ind i hans evige rige.

Denne bog, *Guds Lov,* er en samling af en række prædikener, som er baseret på Guds ord. Jeg fik inspiration til disse prædikener over de ti bud, mens jeg fastede og bad, kort efter at jeg begyndte mit præstevirke. Gennem disse budskaber er der mange troende, som er begyndte at forstå Guds kærlighed og leve deres liv i lydighed overfor hans bud, og som dermed har oplevet fremgang både rent åndeligt og på alle andre områder af deres liv. Desuden har mange af disse troende fået svar på alle deres bønner. Og det vigtigste er, at de alle har fået større håb om himlen.

Hvis man lærer den åndelige betydning af de ti bud at kende, sådan om den er beskrevet i denne bog, og begynder at forstå, at Gud har givet os disse bud i sin store kærlighed, sådan at man beslutter sig for at leve i lydighed overfor hans bud, så kan jeg garantere, at man vil få helt utrolige velsignelser fra Herren. I Femte Mosebog 28:1-2 står der, at man vil blive velsignet til hver en tid: *"Hvis du adlyder Herren din Gud og omhyggeligt følger alle hans befalinger, som jeg giver dig i dag, vil Herren din Gud ophøje dig over alle jordens folk. Alle disse velsignelser skal komme over dig og nå dig, hvis du adlyder Herren din Gud."*

Jeg vil gerne takke Geumsum Vin, Direktør for redaktionsbureauet ved Urim Books, og hendes personale for deres uforlignelige dedikation og uvurderlige bidrag til udformningen af denne bog. Jeg beder også i Herrens navn for at alle de mennesker, som læser denne bog, vil opnå en god forståelse af Guds lov, adlyde hans bud, og dermed blive hans højt elskede og velsignede børn!

Jaerock Lee

Indledning

Vi ærer Gud fader, fordi han har ladet os samle dette studie af de ti bud, som fortæller os om Guds hjerte og vilje. Det er blevet til denne bog, *Guds Lov.*

Først vil kapitlet "Guds kærlighed i de ti bud" give læseren den nødvendige baggrundsinformation om de ti bud. Vi vil finde svar på spørgsmålet om, hvad de ti bud egentlig er. Dette kapitel vil også forklare, at Gud gav os de ti bud, fordi han elsker os, og at hans mål er at velsigne os. Så når vi adlyder disse bud med Guds kærligheds kraft, vil vi få alle de velsignelser, som ligger og venter på os.

I "Det første bud" lærer vi, at hvis man elsker Gud, så har man let ved at adlyde hans bud. Dette kapitel vil også behandle spørgsmålet om, hvorfor Guds første bud fortæller os, at vi ikke må sætte nogle andre guder over ham.

"Det andet bud" forklarer betydningen af ikke at tilbede afguder eller i spirituel henseende have noget andet, som man elsker mere end Gud. Her lærer vi også om den spirituelle konsekvens af at tilbede afguder og om de særlige forbandelser og velsignelser, som kan komme ind i vores liv, alt efter om vi dyrker afguder eller undlader at gøre det.

Kapitlet "Det tredje bud" forklarer, hvad det betyder at bruge Herrens navn til løgn, og hvad man skal gøre for at undgå dette.

I "Det fjerde bud" lærer vi den sande betydning af "Sabbat" og får en forklaring på, hvorfor sabbatten er blevet ændret fra lørdag til søndag ved skiftet mellem det gamle og det nye testamente. Dette kapitel forklarer også præcis, hvordan man skal holde sabbatten hellig, hvilket hovedsageligt drejer sig om tre forskellige ting. Der forklares også under hvilke betingelser, der kan gøres undtagelser fra dette bud, dvs. hvornår det er tilladt at arbejde og gennemføre forretninger under sabbatten.

"Det femte bud" forklarer detaljeret, hvordan man skal ære

sine forældre på en ordentlig måde. Vi lærer også, hvad det vil sige at ære Gud, som er vores ånds Fader, og hvilke former for velsignelser vi kan modtage, når vi i sandhed ærer både Gud og vores fysiske forældre.

Kapitlet "Det sjette bud" består af to dele: Den første del fokuserer på den synd at begå et fysisk mord, mens anden del giver en spirituel forklaring på, hvad der sker, når man begår den synd at begå mord i hjertet. Dette er en synd, som mange troende kan komme til at begå uden at være klar over, at de har syndet.

"Det syvende bud" omhandler den synd at bryde et ægteskab rent fysisk, og den synd at gøre det i hjertet eller sindet, hvilket rent faktisk er en mere skræmmende form for synd. Dette kapitel omhandler også den spirituelle betydning af at begå denne synd, og forklarer, hvordan man ved at bede og faste kan skille sig af med synden ved Helligåndens hjælp og Guds nåde og kraft.

"Det ottende bud" beskriver den fysiske og spirituelle

definition af at stjæle. Dette kapitel forklarer også udførligt, hvordan man kan begå den synd at stjæle fra Gud ved at undlade at give tiende og offergaver, eller endda ved at misbruge Guds ord.

"Det niende bud" forklarer, hvordan man på tre forskellige måde kan give falske vidnesbyrd eller lyve. Dette kapitel lægger vægt på, at man skal trække bedraget ud af hjertet med rod, og i stedet fylde hjertet med sandhed.

"Det tiende bud" forklarer om de tilfælde, hvor vi kan synde, fordi vi begærer vores næstes egendele. Vi vil også lære, at der vil være sande velsignelser, når vores sjæl trives, fordi vi så vil trives på alle livets områder.

Endelig vil vi i det sidste kapitel "At holde sig til Guds lov" studere, hvordan Jesus Kristus opfyldte loven med kærlighed, og vi lærer, at vi må elske for at opfylde Guds ord. Vi lærer også om den form for kærlighed, som går hinsides retfærdigheden.

Jeg håber, at denne tekst vil hjælpe dig, kære læser, til klart at forstå den spirituelle betydning af de ti bud. Må du altid adlyde Herrens befalinger og være i Guds strålende nærvær! Jeg beder også i vor Herrens navn om, at du vil komme til det punkt i dit spirituelle liv, hvor alle dine bønner vil blive besvaret, mens du fuldfører hans lov, og at hans velsignelser vil fylde alle områder at dit liv!

Geumsun Vin
Direktør for redaktionsbureauet

Indholdsfortegnelse

Kapitel 1

Guds kærlighed i de ti bud

Anden Mosebog 20:5-6

"Du må ikke tilbede dem eller dyrke dem, for jeg, Herren din Gud, er en lidenskabelig Gud. Jeg straffer fædrenes synd på børn, børnebørn og oldebørn af dem, der hader mig; men dem, der elsker mig og holder mine befalinger, vil jeg vise godhed i tusind slægtled."

For fire tusind år siden valgte Gud Abraham til trosfader. Han velsignede Abraham og lavede en pagt med ham, hvor han lovede ham, at hans efterkommere ville blive så talrige som himlens stjerner og som sandkornene på havets bred.

Da tiden var inde dannede Gud trofast nationen Israel gennem de tolv sønner som Jakob, Abrahams barnebarn, fik. Under Guds forsyn flyttede Jakob og hans sønner til Egypten for at undgå hungersnød, og familien levede der de kommende 400 år. Alt dette var en del af Guds kærlige plan om at beskytte dem fra indvationer fra ikke-jøder, indtil de var blevet et større og stærkere folk.

Jakobs familie bestod af omkring 70 personer, da de først kom til Egypten, men den voksede sig større og blev stor nok til at udgøre et helt folk. Efterhånden som dette folk blev stærkede, udvalgte Gud et menneske ved navn Moses til deres leder. Og så førte Gud israelitterne til Kana'ans land, der flød med mælk og honning, sådan som han havde lovet.

De ti bud er de kærlige ord, som Gud gav israelitterne, mens han førte dem til det hellige land.

For at israelitterne skulle kunne komme ind i det velsignede land Kana'an, måtte de opfylde to kvalifikationer: De måtte have tro på Gud, og de måtte adlyde ham. Men uden nogle klare standarter for tro og lydighed ville de ikke være i stand til at forstå, hvad det vil sige at have tro og at adlyde. Derfor gav Gud dem de ti bud gennem deres leder Moses.

De ti bud er en liste med regler, der sætter den standart, som mennesker skal følge. Men Gud tvang dem ikke bare diktatorisk til at adlyde disse bud. Det var først efter at han havde ladet dem opleve sin mirakuløse kraft ved at sende de ti plager til Egypten, dele de Røde Hav, forandre det bitre vand til ferskvand i Mara og brødføde dem med manna og vagtler, at han gav dem de ti bud.

Det er vigtigt at vide, at alle Guds ord inklusiv de ti bud blev givet både til israelitterne og til alle de mennesker, som tror på ham i dag, og de fungerer som en genvej til at få hans kærlighed og velsignelser.

Det hjerte, hvormed Gud gav buddene

Folk lærer deres børn utallige regler som en del af deres opdragelse. Det er ting såsom: "Du skal vaske dine hænder, når du har leget udenfor"; "Tag tæppet over dig, når du sover", eller "Du må ikke gå over vejen, når der er rødt lys for fodgængerne."

Forældrene bombarderer ikke deres børn med alle disse regler for at gøre dem livet surt. De fortæller dem disse ting, fordi de elsker dem. Det er helt naturligt, at forældrene ønsker at beskytte deres børn mod sygdom og farer, holde dem i sikkerhed og hjælpe dem med at leve i fred gennem hele deres liv. Det samme gjorde sig gældende for Gud, da han gav os – hans børn – de ti bud:

Han gjorde det, fordi han elsker os.

I Anden Mosebog 15:26 siger Gud: *"Hvis du er lydig mod Herren din Gud og gør, hvad der er ret i hans øjne, lytter til hans befalinger og holder alle hans love, så vil jeg ikke påføre dig nogen af de sygdomme, jeg har påført Egypterne, for jeg er Herren, der læger dig."*

Og i Tredje Mosebog 26:3-5 siger han: *"Hvis I vandrer efter mine love og omhyggeligt følger mine befalinger, vil jeg give jer regnen til rette tid, så landet kan give sin afgrøde og træerne på marken deres frugt. Hos jer skal tærsketiden vare lige til vinhøst og vinhøsten vare lige til såtid, og I skal spise jer mætte i jeres eget brød og bo trygt i jeres land."*

Gud gav os buddene, for at vi kan vide, hvordan vi skal møde ham, få hans velsignelser og svar på vores bønner, og i sidste ende leve vores liv i fred og glæde.

Vi må også følge Guds lov inklusiv de ti bud på grund af retfærdigheden i den spirituelle verden. Ligesom enhver nation har sine love, har også Guds rige nogle spirituelle love, som er fastsat af Gud. Selv om Gud har skabt universet og har fuldkommen kontrol over liv, død, forbandelser og velsignelser, så er han ikke totalitær. Derfor må han følge lovene strengt, til trods for at det er ham selv, der har lavet dem.

Ligesom vi må følge lovene i det land, hvor vi bor, må vi også adlyde Guds love, hvis vi tager imod Jesus Kristus som vores frelser og bliver Guds børn, der får bolig i hans rige.

I Første Kongebog 2:3 står der: *"Du skal holde Herren din Guds bud og vandre ad hans veje, holde hans love og befalinger, hans retsregler og hans formaninger, som de står i Moses' lov. Så vil du have lykken med dig i alt, hvad du foretager dig, og hvor du end vender dig hen."*

At holde Guds love betyder at adlyde Guds ord, inklusiv de ti bud, som de er optegnet i Bibelen. Når man holder disse love, kan man få Guds beskyttelse og velsignelse, og så vil man have medgang, hvor end man går.

Omvendt vil den fjendtlige Satan have ret til at bringe os fristelser og prøvelser, hvis vi bryder Guds love, for så kan Gud ikke beskytte os. Det er en synd at bryde Guds befalinger, og så bliver man slave af Satan og synden, hvilket i sidste ende vil føre til helvede.

Gud ønsker at velsigne os

Den vigtigste grund til at Gud gav os de ti bud er, at han elsker os og gerne vil velsigne os. Og han vil ikke alene lade os få den evige velsignelse i himlen, men også give os sine velsignelser her på jorden, og lade os få fremgang med hvad som helst, vi gør. Når vi indser, at Gud elsker os på denne måde, kan vi kun være taknemmelige over, at han var givet os sine bud, og vi må adlyde dem med glæde.

Vi kan se at børn, når de for alvor indser, hvor meget deres forældre elsker dem, gør deres bedste for at adlyde forældrene. Selv om det måske ikke lykkes dem at adlyde og overholde disciplinen, så vil de forstå, at deres forældre handler med kærlighed, og de vil måske sige: "Mor/Far, jeg vil forsøge at gøre det bedre næste gang", og de vil omfavne deres forældre med kærlighed. Efterhånden som de bliver mere modne og får en dybere forståelse for deres forældres kærlighed og omsorg, vil de adlyde deres forældres regler for at gøre forældrene glade.

Det er forældrenes oprigtige kærlighed, som giver børnene kraften til at adlyde. Det samme gælder for os, når vi skal adlyde Guds ord, som det står i Bibelen. Folk gør deres bedste for at adlyde, når først de begynder at forstå, at Gud elsker os så højt, at han sendte sin enbårne søn Jesus Kristus til denne verden for at dø for os på korset.

Faktisk er det sådan, at jo større tro vi har på, at Jesus Kristus, som var uden synd, gennemgik alle former for forfølgelse og døde for os på korset, jo større glæde vil vi føle ved at adlyde Guds befalinger.

Vi velsignes, når vi adlyder hans bud

Vor forfædre i troen, som adlød Guds ord og levede i streng

overensstemmelse med hans bud, fik store velsignelser og priste Gud Fader af hjertets grund. Og i dag lader de Sandhedens evige lys, som aldrig brænder ud, skinne på os.

Abraham, Daniel og apostelen Paulus er blandt disse troende mennesker. Og selv i dag er der mennesker med stor tro, der fortsætter med at gøre, som disse mennesker gjorde.

Et eksempel kunne være USA's 16. præsident Abraham Lincoln, som kun havde ni måneders skolegang bag sig, men som var elsket og respekteret af mange mennesker på grund af sin prisværdige karakter og sine dyder. Abrahams mor, Nancy Hanks Lincoln, døde allerede da han var ni år gammel, men inden da havde hun lært ham nogle korte bibelvers og fortalt ham, at han skulle følge Guds bud.

Og da hun mærkede, at hun var døden nær, kaldte hun sin søn til sig og sagde ham disse sidste ord: "Jeg vil, at du skal elske Gud og adlyde hans bud." Efterhånden som Lincoln blev voksen, blev han en berømt politiker. Han dannede historie med sin bevægelse for slaveriets ophør, og han holdt sig altid til Bibelens 66 bøger. Folk som Lincoln, der søger at være tæt ved Gud og holde sig til hans ord, vil altid få synlige beviser på Guds kærlighed.

Kort efter at jeg startede vores første kirke, var jeg på besøg hos et ægtepar, som havde været gift i mange år, men som ikke kunne få børn. Med Helligåndens vejledning priste vi sammen Gud, og jeg velsignede parret. Så bad jeg dem om at holde søgnedagen hellig ved at prise Gud, give tiende, og overholde de ti bud.

Ægteparret, som var nye i troen, begyndte at komme til gudstjeneste hver søndag og give tiende i overensstemmelse med Guds befaling. Som resultat blev de velsignet med frugtsommelighed og fik flere sunde børn. Og ikke alene det; de fik også store økonomiske velsignelser. Nu tjener manden vores kirke som ældre og hele familien giver stor støtte til nødhjælp og forkyndelse.

At adlyde Guds befalinger er ligesom at holde en lampe frem for sig, når det er fuldkommen mørkt. Når vi har en strålende lampe, behøver vi ikke bekymre os for at snuble over noget i mørket. Og når Gud, som er lys, er med os, vil han på samme måde beskytte os under alle omstændigheder, og vi vil kunne nyde de velsignelser og den autoritet, som tilfalder alle Guds børn.

Nøglen til at få hvad som helst, man beder om

I Første Johannesbrev 3:21-22 står der: *"Hvis vores hjerte ikke fordømmer os, har vi frimodighed overfor Gud, og hvad vi end beder om, får vi af ham, fordi vi holder hans bud og gør det, som behager ham."*

Er det ikke fantastisk at vide, at hvis bare vi adlyder Guds bud, som de står i Bibelen, og gør det, som behager ham, så kan vi frimodigt bede om hvad som helst, og han vil svare os? Hvor må Guds glæde sig, når han med sine flammende øjne ser sine børns lydighed! Og så vil han besvare alle deres bønner i overensstemmelse med lovene i den spirituelle verden.

Guds ti bud er derfor ligesom en lærebog i kærlighed. Den lærer os den bedste måde til at få Guds velsignelser under vores kultivering her på denne jord. Buddene lærer os, hvordan vi skal undgå ulykker og katastrofer, og hvordan vi kan få velsignelser.

Gud gav os ikke disse bud for at straffe de mennesker, som ikke adlyder dem, men for at vise os vejen til de evige velsignelser i hans smukke himmerige, ved at adlyde hans befalinger (Første Timotheusbrev 2:4). Når man begynder at mærke og forstå Guds hjerte og leve ved hans bud, vil man få endnu mere kærlighed fra ham.

Når man studerer buddene nærmere og begynder at adlyde dem fuldt ud med styrken fra Guds kærlighed, vil man desuden blive i stand til at få alle de velsignelser fra ham, som man ønsker sig.

Kapitel 2

Det første bud

”Du må ikke have andre guder end mig”

Anden Mosebog 20:1-3

Gud talte alle disse ord:
"Jeg er Herren din Gud, som førte dig ud af Egypten, af trællehuset. Du må ikke have andre guder end mig."

To personer, som elsker hinanden, vil føle glæde bare ved at være sammen. De mærker ikke kulden, når de er sammen, selv om det er streng vinter, og derfor kan de gøre hvad som helst, den anden beder dem om, ligegyldigt hvor vanskeligt, det måtte være, bare den anden bliver glad for det. Selv om de må ofre sig for den anden, vil de føle glæde over at gøre det, for de nyder at se, at den anden er glad og tilfreds.

Det samme gælder for vores kærlighed til Gud. Hvis vi i sandhed elsker Gud, vil det ikke være vanskeligt at adlyde hans befalinger. Det vil snarere bringe os glæde.

De ti bud som Guds børn bør adlyde

Nu om stunder er der mennesker, der kalder sig troende, som siger: "Hvordan kan vi adlyde alle de ti bud fra Gud?" Deres argument er, at da mennesker ikke er perfekte, er det ikke muligt for os at adlyde de ti bud. Vi kan kun forsøge at gøre det.

Men i Første Johannesbrev 5:3 står der: *"For dette er kærlighed til Gud: at vi holder hans bud; og at hans bud ikke er tunge."* Det betyder, at beviset på, at vi elsker Gud, er vores lydighed overfor hans bud, og hans bud er på ingen måde så tunge, at vi ikke er i stand til at adlyde dem.

På gammeltestamentlig tid måtte folk adlyde buddene af egen

vilje og med egen styrke. Men nu i nytestamentlig tid vil alle, som tager imod Jesus Kristus som deres frelser, få Helligåndens hjælp til at adlyde.

Helligånden er et med Gud, og den har til opgave at hjælpe Guds børn. Derfor går Helligånden til tider i forbøn for os, trøster os, vejleder vores handlinger, og fylder os med Guds kærlighed, sådan at vi kan kæmpe mod synden, indtil blodet flyder, og handle i overensstemmelse med Guds vilje (Apostlenes Gerninger 9:31, 20:28; Romerbrevet 5:5; 8:26).

Når vi får denne styrke fra Helligånden, kan vi for alvor forstå Guds kærlighed, hvormed han gav os sin enbårne søn, og så kan vi med lethed adlyde det, som vi eller ikke er i stand til at adlyde med egen styrke og vilje. Der er mennesker, som stadig siger, at det er vanskeligt at adlyde Guds bud, og som ikke engang forsøger at gøre det. Og de lever til stadighed i synd. Disse mennesker elsker ikke for alvor Gud af hjertets grund.

I Første Johannesbrev 1:6 står der: *"Hvis vi siger, at vi har fællesskab med ham, men vandrer i mørket, lyver vi og gør ikke sandheden."* Og i Første Johannesbrev 2:4 står der: *"Den, der siger: "Jeg kender ham", men ikke holder hans bud, er en løgner, og sandheden er ikke i ham."*

Hvis Guds ord, som er sandheden og livets sæd, er i et menneske, kan det ikke synde. Det vil blive ledt til at leve i sandheden. Så hvis nogen hævder, at de tror på Gud, men ikke adlyder hans befalinger, betyder det, at sandheden ikke for alvor er i dem, og at de lyver overfor Gud.

Så hvad er det første af disse bud, som Guds børn bør adlyde for at bevise deres kærlighed til ham?

"Du må ikke have andre guder end mig"

"Du" henviser her både til Moses, som fik de ti bud direkte fra Gud, til israelitterne, som fik buddene gennem Moses, og til alle Guds børn, som i dag bliver frelst gennem Herrens navn. Så hvorfor er Guds første bud til sit folk at de ikke må have andre guder end ham?

Det skyldes, at kun Gud er den sande og levende Gud, den omnipotente Skaber af universet. Det er kun Gud, der har den fuldkomne kontrol over universet, menneskehedens historie, liv og død, og han giver mennesket det sande og evige liv.

Gud er den, som har frelst os fra vores trældom i synd i denne verden. Det er derfor, vi ikke må have andre guder i vores hjerter end den eneste ene Gud.

Men der er mange tåbelige mennesker, som fjerner sig fra Gud og tilbringer deres liv med at tilbede forskellige afguder. Nogle tilbeder billeder af Buddha, andre tilbeder sten, nogle tilbeder gamle træer og andre vender sig mod Nordpolen, for at tilbede den.

Nogle mennesker tilbeder naturen og påkalder sig forskellige afguder ved at helliggøre døde mennesker. Enhver race og ethvert folk har deres egne afguder. Det siges, at alene i Japan har de otte millioner forskellige guder.

Så hvorfor mon folk skaber alle disse afguder og tilbeder dem? Det skyldes, at de søger efter en måde til at finde trøst, eller at de følger deres forfædres gamle skikke, som desværre bare er forkerte. Eller måske har de et egoistisk ønske om at få mange velsignelser og megen lykke ved at tilbede flere forskellige guder.

Men det skal stå helt klart, at der ikke er nogen anden gud end Gud Skaberen, som har kraft til at give os velsignelser, og ingen anden gud kan frelse os.

Beviser på Gud Skaberen i naturen

Der står i Romerbrevet 1:20: *"For hans usynlige væsen, både hans evige kraft og hans guddommelighed, har kunnet ses siden verdens skabelse og kendes på hans gerninger. Der er altså ingen undskyldning."* Når vi undersøger universets principper, kan vi se, at der er en absolut Skaber, og at det er den eneste ene Gud, Skaberen.

Undersøger vi f.eks. menneskeracen her på denne jord, vil vi se, at alle menneskers kroppe har den samme struktur og funktion. Uanset om en person er sort eller hvid, uanset hvilken race de har, eller hvilket land de kommer fra, så har de to øjne, to ører, en næse og en mund, som alle sidder på nogenlunde de samme steder i ansigtet. Desuden gør det samme sig gældende for dyr.

Elefanter har f. eks. lange næser. Men bemærk, at de dog kun har én næse og to næsebor. Kaniner med lange ører og farlige løver har begge det samme antal øjne, mund og ører som mennesker, og de er placeret på stort set samme måde. Utallige levende organismer som eksempelvis fisk, fugle og endda insekter har dels nogle særlige karakteristika, som adskiller dem fra hinanden, og dels den samme kropslige struktur og funktion. Dette beviser, at der kun er én skaber.

Naturfænomener beviser også klart, at Gud Skaberen eksisterer. I løbet af en dag drejer jorden rundt om sin akse, og i løbet af et år bevæger den sig rundt om solen. Månen roterer også, og bevæger sig rundt om jorden på en måned. På grund af disse rotationer og omløb kan vi opleve forskellige naturlige hændelser med regelmæssighed. Vi har nat og dag, og fire forskellige årstider. Vi har højvande og lavvande, og atmosfærisk cirkulation, som skyldes temperaturforandringer.

Jordens placering og bevægelse gør denne planet til et perfekt tilholdssted for menneskeheden og andre levende organismer. Afstanden mellem solen og jorden kunne hverken have været større eller mindre. Lige fra tidens begyndelsen har denne afstand været perfekt, og jordens omdrejning og omløb har stået på uendelig længe uden den mindste fejl.

Da universet er blevet skabt af Gud og fungerer under hans visdom, sker der stadig mange utænkelige ting, som mennesket ikke er i stand til at forstå fuldt ud.

Med alle disse klare beviser er der ikke nogen, som på Dommedag kan undskylde sig og sige: "Jeg kunne ikke tro, for jeg vidste ikke, at Gud virkelig eksisterede."

Sir Isaac Newton bad engang en erfaren mekaniker om at bygge en sofistikeret model af solsystemet. En ven, som var ateist, kom på besøg og så modellen. Uden nærmere eftertanke drejede han på håndtaget, og så skete der noget virkeligt forbløffende. Hver planet i modeller begyndte at bevæge sig rundt om solen med forskellige hastighed!

Vennen kunne ikke skjule sin forbløffelse, og sagde overrasket: "Det er virkelig en storslået model! Hvem har lavet den?" Og hvad mon Newton svarede? Han sagde: "Nåh, der er ikke nogen, der har lavet den. Den opstod bare ved et tilfælde."

Vennen følte, at Newton gjorde grin med ham, og svarede: "Hvad?! Tror du, jeg er et fjols? Hvordan i al videste verden skulle en så kompliceret model kunne opstå af sig selv?"

Dertil svarede Newton: "Det her er kun en lille model af det rigtige solsystem. Du argumenterer for, at selv en simpel model som denne ikke bare kan opstå uden en designer eller en skaber.

Så hvordan vil du forklare til en troende, at det rigtige solsystem, som er langt mere kompliceret og udstrakt, bare er opstået selv uden en skaber?"

Dette beskrev Newton i sin bog *Philosophiæ Naturalis Principia Mathematica* – Naturfilosofiens matematiske principper – ofte kaldet Principia: "Dette særdeles smukke system med solen, planeterne og kometerne kan kun skyldes et intelligent og magtfuldt Væsens plan og indvirkning... Han [Gud] er evig og uendelig."

Det er derfor, så mange af de videnskabsmænd, der studerer naturlovene, er kristne. Jo mere, de studerer naturen og universet, jo mere opdager de den almægtige Guds kraft.

Gennem de mirakler og tegn, som finder sted mellem de troende; gennem Guds tjenere og arbejdere, som bliver elsket og anerkendt af ham; og gennem menneskehedens historie, som opfylder profetierne i Bibelen, viser Gud os desuden så mange beviser, at vi kan tro på ham, den levende Gud.

Mennesker, som anerkender Gud Skaberen uden at have hørt budskabet

Når man ser nærmere på menneskehedens historie, kan man se mennesker med gode hjerter, som aldrig har hørt budskabet, men som alligevel har anerkendt den eneste Gud Skaberen og forsøgt at leve i retfærdighed.

Mennesker med urene og forvirrede hjerter tilbeder mange forskellige guder og forsøger at finde trøst. Men mennesker med retskafne og rene hjerter tilbeder og tjener kun en eneste Gud, Skaberen, selv om de aldrig har lært om Gud.

Som eksempel ses admiral Soonshin Yi, som levede under Chosundynastiet i Korea. Han tjente sin konge og sit folk af al kraft hele sit liv. Han ærede sine forældre og søgte aldrig egen vinding, men ofrede sig snarere for andre. Selv om han ikke kendte hverken Gud eller Herre Jesus, tilbad han heller ikke shamaner, dæmoner eller onde ånder. Han vendte blikket mod himlen og troede på Skaberen med sin rene samvittighed.

Der er mange gode mennesker, som aldrig lærer Guds ord, men man kan se, at de forsøger at føre rene og sande liv. Gud har åbnet vejen for, at disse mennesker også kan blive frelst gennem det, der kaldes "samvittighedens dom." Dette er Guds måde til at frelse mennesker fra gammeltestamentlig tid og mennesker, som har levet efter Jesus Kristus, men som ikke har haft mulighed for at høre budskabet.

I Romerbrevet 2:14-15 står der: *"For når hedningerne, som ikke har loven, af naturen gør, som loven siger, så er de, uden at have en lov, deres egen lov. De viser, at de har den gerning, som loven kræver, skrevet i deres hjerte, og deres samvittighed optræder som vidne, og deres tanker anklager eller forsvarer hinanden."*

Når mennesker med god samvittighed hører budskabet, vil det være let for dem at tage imod Herren i deres hjerter. Gud lader disse sjæle opholde sig i den "Øvre Grav" rent midlertidigt, så de kan komme i himlen.

Når et menneskes liv ender, vil ånden forlade hans fysiske krop. Den vil midlertidigt opholde sig i et sted, der hedder "Graven." Graven er et opholdssted, hvor ånden lærer at tilpasse sig til den spirituelle verden, før den overgår til evigheden. Dette sted er opdelt i den "Øvre Grav", hvor de frelste venter, og den "Nedre Grav", hvor de ufrelste sjæle venter i pinsel (Første Mosebog 37:35; Job 7:9; Fjerde Mosebog 16:33; Lukasevangeliet 16).

Men i Apostlenes Gerninger 4:12 står der: *"Og der er ikke frelse i nogen anden, ja, der er ikke givet mennesket noget andet navn under himlen, som vi kan blive frelst ved."* Så for at sikre sig at sjælene i den Øvre Grav fik en mulighed for at høre budskabet, tog Jesus op til dem for at dele budskabet med dem.

Dette faktum underbygges i skrifterne. I Første Petersbrev 3:18-19 står der: *"For også Kristus led én gang for menneskets synder, som retfærdig led han for uretfærdiges skyld for at føre jer til Gud. Han blev dræbt i kødet, gjort levende i Ånden, og i den gik han til de ånder, der var i fængsel, og prædikede for dem."* Disse gode sjæle, som var i den Øvre Grav, anerkendte

Jesus, tog imod budskabet, og blev frelst.

Så det gælder for de mennesker, som har levet med god samvittighed og troet på Skaberen, uanset om de har levet i gammeltestamentlig tid eller om de aldrig har hørt om budskabet og loven, at Retfærdighedens Gud ransager deres hjerter og åbner døren til frelse for dem.

Grunden til at Gud befaler sit folk ikke at have andre guder end ham

Ind imellem er der ikke-troende som siger: "Kristendommen kræver at folk kun tror på Gud. Gør det dem ikke ufleksible og ekskluderende?"

Der er også mennesker, som hævder at de er troende, men som bruger til håndlæsning, trolddom, amuletter og talismaner.

Gud har klart og tydeligt fortalt os, at vi ikke må gå på kompromis på dette område. Han siger: "Du må ikke have andre guder end mig." Det betyder, at vi ikke må dyrke eller tilbede afguder eller nogle af Guds skabninger. Vi må heller ikke anse dem for at være Gud lig på nogen måde.

Der er kun én Skaber, som har skabt os, og kun han kan velsigne os. Kun han kan give os liv. De falske guder og gudebilleder, som folk tilbeder, kommer i sidste ende fra den fjendtlige djævel. De står i modstrid til troen på Gud.

Den fjendtlige djævel forsøger at forvirre folk, sådan at de fjerner sig fra Gud. Når de tilbeder falske ting, vil de i sidste ende tilbede Satan, og så går de deres egen undergang i møde.

Derfor vil de mennesker, som hævder at tro på Gud, men som stadig tilbeder afguder i deres hjerter, være under den fjendtligt djævels kontrol. De vil begynde at opleve smerter og sorger, og lide under sygdom, vanskeligheder og trængsler.

Gud er kærlighed, og han ønsker ikke, at hans folk skal tilbede afguder og gå mod den evige død. Derfor befaler han os ikke at have andre guder end ham. Når vi kun tilbeder ham, kan vi opnå evigt liv, og vi kan få rigelige velsignelser af ham under vores liv på denne jord.

Vi vil få velsignelser ved trofast at sætte vores liv til Gud

I Første Krønikebog 16:26 står der: *"For alle folkenes guder er intet værd, men Herren skabte himlen."* Hvis Gud aldrig havde fortalt os, at vi ikke måtte have andre guder end ham, så ville der være nogle ubeslutsomme mennesker, eller måske endda nogle troende, som helt uden at være klar over det ville ende med at tilbede afguder og gå mod den evige død.

Vi kan se dette af israelitternes historie. De lærte om universets eneste Skaber, og de oplevede hans kraft utallige gange. Men med tiden kom de bort fra Gud og begyndte at tilbede andre guder og gudebilleder.

De syntes, at hedningenes afguder så ud til at være gode nok, så de begyndte at tilbede disse guder på lige fod med Gud. Resultatet var, at de oplevede alle former for fristelser, trængsler og plager, som den fjendtlige djævel og Satan påførte dem. Det var først, da de ikke længere kunne udholde smerten og vanskelighederne, at de omvendte sig og kom tilbage til Gud.

Og Gud, som er kærlighed, tilgav dem igen og igen, og frelste dem fra deres problemer, for han ville ikke se dem imødegå den evige død som resultat af deres afgudsdyrkelse.

Gud giver os kontinuerligt bevis på, at han er Skaberen, den levende Gud, sådan at vi kan tilbede ham – og kun ham. Han frelste os fra synden gennem sin enbårne søn Jesus Kristus, og lovede os det evige liv. Han gav os håb om det evige liv i himlen.

Gud hjælper os til at vide og tro, at han er den levende Gud, ved at vise os mirakler, tegn og undere gennem sit folk, gennem Bibelens 66 bøger og ikke mindst gennem menneskehedens historie.

Derfor må vi trofast tilbede Gud, universets Skaber, som kontrollerer alt. Da vi er hans børn, må vi bære rigelig frugt ved udelukkende at sætte vores lid til ham.

Kapitel 3

Det andet bud

”Du må ikke lave dig noget gudebillede eller tilbede det”

Anden Mosebog 20:4-6

"Du må ikke lave dig noget gudebillede i form af noget som helst oppe i himlen eller nede på jorden eller i vandet under jorden. Du må ikke tilbede dem eller dyrke dem, for jeg, Herren din Gud, er en lidenskabelig Gud. Jeg straffer fædrenes skyld på børn, børnebørn og oldebørn af dem, der hader mig; men dem, der elsker mig og holder mine befalinger, vil jeg vise godhed i tusind slægtled."

"Herren døde på korset for mig. Hvordan skulle jeg kunne fornægte Herren på grund af frygt for døden? Jeg ville hellere dø ti gange for Herren, end bedrage ham og leve i hundrede eller endda tusind meningsløse år. Jeg har kun én forpligtelse. Hjælp mig med at overkomme dødens kraft, sådan at jeg ikke gør min Herre til skamme ved at spare mit eget liv."

Denne udtalelse tilhører pastor Ki-Chol Chu, som led martyrdøden, fordi han nægtede at bukke for en japansk helligdom. Hans historie findes i bogen *More Than Conquerors: The Story of the Martyrdom of Reverend Ki-Chol Chu* (Mere end erobrere: Historien om pastor Ki-Chol Chu's martyrium). Pastor Ki-Chol Chu opgav livet uden kujonagtig frygt for sværd og pistoler, for at adlyde Guds bud om ikke at bukke for afguder.

"Du må ikke lave dig noget gudebillede eller tilbede det"

Når man er kristen har man pligt til at elske og tilbede Gud, og kun Gud. Derfor gav Gud os det første bud: "Du må ikke have andre guder end mig." Og for strengt at forbyde tilbedelse af afguder gav han os så det andet bud: "Du må ikke lave dig nogen gudebilleder. Og du må hverken tilbede eller dyrke dem."

Ved første øjekast kan det måske se ud som om, det første og det andet bud er ens. Men de udgør hvert deres bud, fordi den spirituelle betydning er forskellige. Det første bud er en advarsel mod flerguderi, og det fortæller os, at vi kun må tilbede og elske den eneste ene, sande Gud.

Det andet bud er en læresætning om ikke at tilbede falske guder, og det er også en forklaring på, hvilke velsignelser vi får, når vi tilbeder og elsker Gud. Lad os se nærmere på, hvad ordet "gudebilleder" dækker over.

Den fysiske definition af "gudebilleder"

Ordet "gudebillede" kan forklares på to måder: Det fysiske gudebillede og det spirituelle. I den fysiske forstand er et gudebillede et billede eller et materielt objekt, der er skabt til at repræsentere en gud, som ikke har en fysisk form, sådan at tilbedelsen kan tilegnes denne gud.

Med andre ord kan et gudebillede være hvad som helst: Et træ, en sten, et billede af en person, et pattedyr, et insekt, en fugl, et havdyr, solen, månen, himlens stjerner eller noget, der er dannet ved hjælp af menneskelig forestillingsevne, og som består af stål, sølv, guld eller et hvilket som helst andet materiale. Formålet er, at man kan rette sin tilbedelse mod et fysisk objekt.

Men et gudebillede, som er menneskeskabt, kan ikke have noget liv, så det kan hverken besvare bønner eller velsigne. Hvis mennesket, som er skabt i Guds billede, skaber et andet billede med deres egne hænder, tilbeder det og beder det om velsignelser, er det så ikke temmelig tåbeligt og fjollet?

I Esajas Bog 46:6-7 står der: *"De ryster guld ud af pungen og vejer sølv af på vægten, de lejer en guldsmed, som laver det til en gud; så tilbeder de den og kaster sig ned for den. De løfter den op på skulderen og bærer den; stiller de den ned, bliver den stående, den rokker sig ikke ud af stedet. Skriger man til den, svarer den ikke, den frelser ikke, når man er i nød."*

Ikke alene henviser skrifterne til det at skabe et gudebillede og tilbede det; de henviser også til at brugde amuletter mod uheld og at udføre offerriter ved at knæle for de døde. Selv folks tro på overnaturlige ting og troldomskunst falder ind i denne kategori. Folk tror, at de vil få held og blive holdt fri for ulykker ved hjælp af amuletter, men det er ikke sandt. Spirituelle mennesker vil kunne se, at de mørke og onde ånder bliver tiltrukket til de steder, hvor der er amuletter og idoler, og de vil i sidste ende bringe ulykker og trængsler til de mennesker, som ejer dem. Ud over den levende Gud er der ikke nogen anden, der er i stand til at bringe folk sande velsignelser. Og de andre guder er en kilde til ulykker og forbandelser.

Så hvorfor skaber folk disse gudebilleder og tilbeder dem? De skyldes, at folk har tendens til at ville tilfredsstille sig med ting, som de rent fysisk kan se og føle.

Lad os se på et eksempel på den menneskelige psyke, fra

dengang israelitterne forlod Egypten. Da de kaldte på Gud på grund af de smerter og den møje, de havde lidt under deres 400 år lange trældom i Egypten, udpegede Gud Moses til at være den leder, der skulle bringe dem ud af Egypten, og han viste dem alle mulige tegn og undere, sådan at de kunne tro ham.

Da Farao afviste at lade dem gå, sendte Gud de ti plager over Egypten. Og da det Røde Hav blokerede israelitternes vej, delte Gud det for dem. Selv efter at have oplevet disse mirakler, blev folket utålmodigt og skabte et gudebillede, som de tilbad, mens Moses var oppe i bjergene i fyrre dage for at få de ti bud. Så snart Guds tjener Moses var ude af øje, havde de brug for at skabe noget, de kunne se og tilbede. De skabte en guldkalv og behandlede den som om, det var den, der havde ført dem indtil nu. De ofrede endda til den, og de spiste, drak og dansede ved den. Denne hændelse fik israelitterne til at opleve Guds store vrede.

Da Gud er ånd, kan folk ikke se ham med deres fysisk øjne, så de kan heller ikke skabe en fysisk figur, der repræsenterer ham. Derfor bør vi aldrig skabe et gudebillede og kalde det for gud. Og vi bør heller aldrig tilbede det.

I Femte Mosebog 4:23 står der: *"Tag jer i agt, og glem ikke den pagt, Herren jeres Gud har sluttet med jer. Lav jer ikke noget gudebillede i nogen som helst form; det har Herren din Gud forbudt dig."* Tilbedelse af livløse, kraftløse gudebilleder i stedet for Gud, den sande Skaber, er derfor mere til skade end til gavn for mennesket.

Eksempler på afgudsdyrkelse

Nogle troende kan måske falde i den fælde at tilbede gudebilleder uden at være klar over det. For eksempel er der nogle mennesker, som bukker for billeder af Jesus eller statuer af Jomfru Maria, eller andre forgængere i troen.

Mange mennesker vil måske ikke anse dette for at være tilbedelse af gudebilleder, men det er det, og Gud bryder sig ikke om det. Her er et godt eksempel: Mange mennesker kalder Jomfru Maria for "Hellige Moder." Men når man læser Bibelen, kan man tydeligt se, at det er forkert.

Jesus blev undfanget ved Helligånden, ikke ved sperm og æg fra henholdsvis mand og kvinde. Derfor kan vi ikke kalde Jomfru Maria for "Moder." Med den moderne teknologi er det eksempelvis muligt for en læge at sætte mandens sperm og kvindens æg i en nymodens maskine, som så udfører den kunstige insemination. Det betyder dog ikke, at vi kalder denne maskine for "moder" til det barn, der bliver født under denne proces.

Jesus, som er selve Gud Faders natur, blev undfanget ved Helligånden og født gennem Jomfru Maria, sådan at han kunne komme ind i denne verden med en fysisk krop. Det er derfor,

Jesus kalder Jomfru Maria for "kvinde", og ikke for "moder" (Johannesevangeliet 2:4; 19:26). I Bibelen ser vi til tider, at der henvises til Maria som Herrens "moder", men det skyldes, at den er skrevet af disciplene og udtrykker deres synsmåder.

Lige før sin død sagde Jesus til Johannes: "Se, din mor!" med henvisning til Maria. Jesus bad med andre ord Johannes om at tage vare på Maria, som havde hun været hans egen mor (Johannesevangeliet 19:27). Jesus foretog denne forespørgsel, fordi han forsøgte at trøste Maria. Han forstod sorgen i hendes hjerte, for hun havde tjent ham fra det øjeblik, hvor han var blevet undfanget af Helligånden, og indtil han blev fuldt voksen ved Guds kraft og ikke længere var afhængig af hende.

Ikke desto mindre er det ikke korrekt at bukke for en statue af Jomfru Maria.

For nogle år siden var jeg på besøg i et mellemøstligt land, og jeg blev inviteret hjem til en indflydelsesrig person, som viste mig et meget interessant tæppe under vores samtale. Det var i kostbart, håndlavet tæppe, som havde taget flere år at fremstille. På dette tæppe var der et billede af en sort Jesus. Af dette eksempel kan vi se, at selv vores forestilling om Jesus er inkonsistent og afhænger af den individuelle kunstner eller skulptør. Så hvis vi bukker for eller beder til dette billede, vil der være tale om tilbedelse af et gudebillede, hvilket er uacceptabelt.

Hvad bliver anset for et gudebillede, og hvad gør ikke?

Ind i mellem er der mennesker, som er ovenud forsigtige, som argumenterer for, at det kors, der findes i kirkerne, er en form for gudebillede. Men det er ikke tilfældet. Et kors er et symbol for det budskab, som de kristne tror på. De troende vender blikket mod korset for at huske, at Jesu hellige blod blev udgydt for menneskehedens synd, og at budskabet blev givet til os ved Guds nåde. Korset kan hverken være et mål for tilbedelse eller et gudebillede.

Det samme er tilfældet med billeder af Jesus, som holder en lampe, eller den sidste nadver, eller ethvert andet kunstværk, hvor kunstneren simpelthen ønsker at udtrykke en tanke.

Et billede at Jesus, som holder en lampe, viser, at han er den gode hyrde. Kunstneren har ikke malet billedet, for at det skal tilbedes. Men hvis nogen tilbeder det eller bukker for det, så bliver det et gudebillede.

Der er også tilfælde, hvor folk påstår, at Moses lavede et gudebillede på gammeltestamentlig tid. De henviser til den hændelse, hvor israelitterne beklagede sig over Gud, og derfor blev bidt af giftige slanger i ørkenen. Da mange mennesker døde efter at være blevet bidt af de giftige slanger, lavede Moses en kobberslange og satte den på en stav. De mennesker, som adlød Guds ord og vendte blikket mod kobberslangen, overlevede, mens de mennesker, som ikke gjorde det, døde.

Men Gud sagde ikke til Moses, at han skulle lave en kobberslange, sådan at folk kunne tilbede den. Han ville give folket et billede på Jesus Kristus, som en dag ville komme og frelse dem fra den forbandelse, de var under, i overensstemmelse med den spirituelle lov.

De mennesker, som adlød Gud og vendte blikket mod kobberslangen, undgik at bukke under på grund af deres synder. På samme måde vil de sjæle, som tror, at Jesus Kristus døde på korset for vores synder, og som tager imod ham som deres Frelser og Herre, ikke gå under på grund af deres synder, men i stedet få evigt liv.

I Anden Kongebog 18:4 står der, at den sekstende konge af Juda, Hizkija, ødelagde alle gudebillederne i Israel. *"Kobberslangen, som Moses havde lavet, slog han i stykker, for indtil da havde israelitterne tændt offerild for den. Den hed Nehushtan."* Dette minder endnu engang folk om, at selv om slangen var blevet lavet på Guds befaling, så burde den aldrig være blevet tilbedt som gudebillede, for det var ikke Guds intention med den.

Den spirituelle betydning af "gudebillede"

Vi bør ikke kun forstå ordet "gudebillede" i den fysiske forstand, men også i den åndelige. Den spirituelle definition på tilbedelse af gudebilleder er, at der er noget, man elsker mere end Gud. Der er dermed ikke kun tale om at bukke for en statue af Buddha eller for et billede af afdøde forfædre.

Hvis vi på grund af selviske lyster elsker vores forældre, ægtefælle eller selv vores børn mere end Gud, så er der i den spirituelle betydning tale om, at vi gør disse elskede personer til "gudebilleder." Og hvis vi har meget høje tanker om os selv, og har stor selvkærlighed, så gør vi os selv til gudebilleder.

Det betyder naturligvis ikke, at vi kun skal elske Gud og ikke nogle andre. For eksempel fortæller Gud os, at det er vores pligt at elske vores forældre i sandhed. Han befaler os at ære vores fader og vores moder. Men hvis det at elske vores forældre fører os til at holde os væk fra sandheden, så elsker vi dem mere end Gud, og har dermed gjort dem til gudebilleder.

Selv om vores forældre har givet liv til vores fysiske kroppe, idet Gud har skabt spermen og ægget, livets sæd, så er det Gud, der er Faderen til vores ånd. Lad os antage, at nogle ikke-kristne forældre er modstandere af, at deres barn går i kirke om søndagen. Hvis barnet, som er kristent, undlader at komme i kirke for at tilfredsstille sine forældre, så elsker han sine forældre mere end Gud. Dette vil ikke alene bringe sorg til Guds hjerte, men det betyder også, at barnet ikke for alvor elsker sine forældre.

Hvis man for alvor elske nogen, vil man ønske at det menneske bliver frelst og får evigt liv. Det er sand kærlighed. Så man skal først og fremmest holde Herrens dag hellig, og så skal man bede for sine forældre og dele budskabet med dem så hurtigt som muligt. Det er først da, man for alvor kan sige, at man elsker og ærer dem.

Og omvendt. Hvis man som forælder for alvor elsker sine børn, så bør man først elske Gud, og så elske sine børn med Guds kærlighed. Uanset hvor dyrebare, ens børn måtte være, så kan man ikke selv beskytte dem mod den fjendtlige djævel og Satan med den begrænsede menneskelige kraft. Man kan heller ikke beskytte dem fra pludselige ulykker, eller kurere dem for en sygdom, som er ukendt for den moderne medicin.

Men når forældrene tilbeder Gud, overlader deres børn i Guds hænder, og elsker dem med Guds kærlighed, så vil Gud beskytte dem. Og han vil ikke alene give den åndelig og fysisk styrke, men også velsigne dem, sådan at de får fremgang på alle livets områder.

Det samme gælder for kærligheden mellem ægtefæller. Et par, som ikke er bekendt med Guds sande kærlighed, vil kun være i stand til at elske hinanden på kødelig vis. De vil søge deres egen vinding til tider, og de vil komme op at skændes med hinanden. Og med tiden vil de måske endda miste deres kærlighed til hinanden.

Men når et par elsker hinanden med Guds kærlighed, vil de også være i stand til at elske hinanden med åndelig kærlighed. I så fald vil de ikke blive vrede eller agressive overfor hinanden, og de til ikke forsøge at tilfredsstille deres egne selviske lyster. I stedet vil de dele en kærlighed, som er uforanderlig, sand og smuk.

At elske nogen eller noget mere end Gud

Det er først, når vi er i Guds kærlighed og elsker Gud Fader mere end noget andet, at vi kan elske andre med sand kærlighed. Det er derfor, Gud fortæller os, at vi skal elske ham over alt andet, og at vi ikke må have andre guder end ham. Men hvis man hører dette og siger: "Jeg tog i kirke, og de sagde, at jeg kun måtte elske Gud og ikke mine familiemedlemmer", så har man i høj grad misforstået den spirituelle fortolkning af dette bud.

Hvis man som troende bryder Guds bud eller går på kompromis med verden for at opnå materiel velstand, berømmelse, viden eller magt, og derved ikke går med sandheden, så dyrker man et gudebillede i spirituel forstand.

Der er også mennesker, som ikke holder Herrens dag hellig, eller som undlader at give tiende, fordi de elske deres velstand mere end Gud, til trods for at Gud har lovet at velsigne dem, som giver tiende.

Man ser ofte at teenagere sætter billeder af deres forkrukne sangere, skuespillere, sportsudøvere eller musikere op i deres værelser, eller at de bruger billederne som bogmærker eller har dem i lommen, for at have idolerne tæt på sig. Det sker til tider, at teenagere elsker disse idoler mere end Gud.

Man kan naturligvis godt elske og respektere skuespillere, sportsudøvere og andre, som er virkelig gode til det, de gør. Men hvis man elsker og værdsætter verdslige ting i den grad, at de skaber afstand til Gud, vil Gud ikke være tilfreds. Det samme er tilfældet med store børn, som kaster deres kærlighed på bestemte stykker legetøj og videospil, og gør disse ting til deres gudebilleder.

Gud er lidenskabelig i sin kærlighed

Efter at have givet os en streng befaling om ikke at dyrke gudebilleder, fortæller Gud os om de velsignelser, han vil give til os, når vi adlyder ham, og han advarer os om, hvad der vil ske, hvis ikke vi adlyder.

> *"Du må ikke tilbede eller dyrke dem, for jeg, Herren din Gud, er en lidenskabelig Gud. Jeg straffer fædrenes skyld på børn, børnebørn og oldebørn af dem, der hader mig; men dem, der elsker mig og holder mine befalinger, vil jeg vise godhed i tusind slægtled"* (Anden Mosebog 20:5-6).

Når Gud siger, at han er en "lidenskabelig Gud" i vers fem, så betyder det dog ikke, at han er lidenskabelig på samme måde som et menneske. Rent faktisk er lidenskabelighed ikke en del af Guds karakter. Han bruger ordet "lidenskabelig" for at gøre det nemmere for os at forstå med vores egne, menneskelige følelser. Menneskelig lidenskabelighed er ofte kødelig, uren og sårer de involverede personer.

Hvis for eksempel en mands kærlighed til hans kone forsvinder, og han forelsker sig i en anden kvinde, så vil hans kone blive jaloux på den anden kvinde, og hun vil gennemgå en skræmmende forandring på et øjeblik: Hun vil fyldes af vrede og had. Hun vil skændes med sin mand og underholde alle sine bekendte med hans fejl og mangler, og han vil måske miste deres venskab. Til tider sker det, at konen opsøger den anden kvinde og skændes med hende, eller anlægger sag mod sin mand. Når konen opfører sig på denne måde og ønsker, at hendes mand skal få vanskeligheder, så skyldes det lidenskabelighed. Men denne lidenskabelighed udspringer af had, og ikke af kærlighed.

Hvis kvinden for alvor elsker sin mand med åndelig kærlighed, så vil hun ikke være lidenskabelig på en kødelig måde, men i stedet ransage sig selv og spørge: "Har jeg gjort det rigtige i Guds øjne? Har jeg for alvor elsket og tjent min mand?" Og i stedet for at sætte sin mand i et dårligt lys ved at fortælle alle omkring sig om hans fejl og mangler, vil hun bede Gud om visdom til at bringe manden tilbage til troskab.

Så hvilken form for lidenskabelighed føler Gud? Når vi ikke tilbeder Gud og ikke lever i sandheden, så vender han sit ansigt bort fra os, og vi udsættes for trængsler, prøvelser og sygdomme. Når dette sker, vil de troende angre og forsøge at finde tilbage til Gud, for de ved, at sygdom kommer af synd (Johannesevangeliet 5:14).

Som pastor møder jeg til tider medlemmer af kirken, som kommer ud for dette. For eksempel kan der være tale om en velstående forretningsmand, hvis virksomhed er i stor fremgang. Da han får mere og mere travlt, mister han sit fokus og holder op med at bede og arbejde for Gud. Det kommer endda der til, at han undlader at gå i kirke om søndagen for at tilbede Gud.

Resultatet er, at Gud vender ansigtet bort fra denne forretningsmand, og den virksomhed, der ellers havde så stor fremgang, står nu overfor en krise. Først da indser manden, at han har begået den fejl ikke at leve i overensstemmelse med Guds bud, og han angrer. Gud vil hellere lade sine elskede børn komme ud for en vanskelig situation i en kort stund, sådan at de kan forstå hans vilje, blive frelst og gå den rette vej, end han vil lade dem falde bort for evig tid.

Hvis Gud ikke følte denne lidenskabelige kærlighed, men i stedet betragtede vores fejl med ligegyldighed, så ville vi ikke alene have svært ved at indse vores fejl, men vi ville også blive forvirrede, synde kontinuerligt, og i sidste ende falde ind på dødens vej. Så Guds lidenskabelighed er et udtryk for hans sande kærlighed. Den viser hans store kærlighed og hans ønske om at forny os og føre os til det evige liv.

Velsignelser og forbandelser som kommer af lydighed eller ulydighed overfor det andet bud

Gud er vores Skaber og Fader, som ofrede sin enbårne søn, for at vi alle kunne blive frelst. Han er enehersker over alle mennesker liv, og han ønsker at velsigne alle dem, som tilbeder ham.

Hvis man undlader at tilbede og elske Gud, og i stedet dyrker falske gudebilleder, så er det det samme som at hade ham. Og folk, som hader Gud, vil få hans straf, ligesom det står skrevet at børn, børnebørn og oldebørn vil blive straffet for fædrenes synder (Anden Mosebog 20:5).

Når vi kigger os omkring, er det let at se, at de familier, som har tilbedt afguder gennem generationer, til stadighed bliver straffet. Medlemmerne af disse familier kan opleve ondartede og uhelbredelige sygdomme, deformiteter, mentale forstyrrelser, dæmonbesættelser, selvmord, økonomiske problemer og alle andre former for trængsler. Og hvis disse ulykker fortsætter i fire generationer, vil familien blive fuldkommen ødelagt og opløst.

Men hvorfor siger Gud, at han vil straffe børnebørn og oldebørn, i stedet for bare at sige, at han vil straffe i fire generationer? Dette viser hans medlidenhed. Han giver mulighed for, at de efterkommere, som angrer og søger Gud, kan komme på rette vej, selv om deres forfædre måske har tilbedt afguder og haft en fjendtlig indstilling overfor Gud. Disse mennesker giver Gud en grund til at stoppe afstraffelsen af familien.

Men de mennesker, hvis forfædre var meget fjendtlige overfor Gud, og for alvor opbyggede ondskaben ved at dyrkede afguder, vil have svært ved at forsøge at tage imod Herren. Selv om de gør det, vil de være bundet til deres forfædre med en åndelig fortøjning, og de vil have mange problemer i deres åndelige liv, indtil de opnår en spirituel sejr. Den fjendtlige djævel og Satan vil forsøge at blande sig på enhver måde for at afholde disse mennesker fra at opnå tro, sådan at de vil falde i det evige mørke.

Men hvis efterkommerne søger Guds nåde, angrer deres forfædres synder med ydmyge hjerter, og forsøger at skille sig af med deres egen syndefulde natur, så vil Gud uden tvivl beskytte dem. Og hvis folk elsker Gud og overholder hans bud, vil han velsigne deres familier i tusind slægtled, og de vil få hans evige nåde. Heraf kan vi klart se Gud kærlighed. Når han straffer os, kan det også gå ud over vores børnebørn og oldebørn, men når han velsigner os, vil det gavne familien i tusind slægtled!

Det betyder dog ikke, at man automatisk vil få en overflod af velsignelser, bare fordi ens forfædre har tjent Gud. For eksempel sagde Gud, at David var en mand efter hans hjerte, og han lovede at velsigne hans efterkommere (Første Kongebog 6:12). Men vi ser ikke desto mindre, at der blandt Davids børn var personer, som vendte sig bort fra Gud, og derfor heller ikke fik de lovede velsignelser.

Når man læser krønikerne om Israels, kan man se, at de konger, som tilbad og tjente Gud, fik de velsignelser, som Gud havde lovet David. Under deres ledelse trivedes nationen og blomstrede op i en grad, så de omkringliggende lande betalte skat til dem. Men de konger, som vendte sig bort fra Gud og syndede mod ham, oplevede mange problemer i deres livstid.

Det er først, når et menneske elsker Gud og forsøger at leve i sandheden uden at lade sig besudle af afguder, at han kan få alle de velsignelser, som hans forfædre har samlet sammen til ham.

Så når vi skiller os af med alle åndelige og fysiske gudebilleder, som Gud afskyr, og sætter ham over alt andet, kan vi få den overflod af velsignelser, som Gud har lovet til alle hans trofaste tjenere og alle deres efterkommere.

Kapitel 4

Det tredje bud

"Du må ikke bruge Herren din Guds navn til løgn"

Anden Mosebog 20:7

"Du må ikke bruge Herren din Guds navn til løgn, for Herren vil aldrig lade den ustraffet, der bruger hans navn til løgn."

Det er tydeligt, at israelitterne for alvor værdsatte Guds ord, når man ser på den måde, hvorpå de har optegnet Bibelen og læser i den.

Før bogtrykkeriet blev opfundet, måtte folk skrive Bibelen i hånden. Og hver gang ordet "Jehova" blev skrevet, måtte skriveren vaske hele kroppen adskillige gange og endda skifte den pensel, han skrev med, fordi navnet var helligt. Hvis en skriver skrev forkert, måtte han skære hele afsnittet bort og erstatte det med en ny genskrift. Men hvis ordet "Jehova" blev skrevet forkert, måtte han starte helt forfra.

På et tidspunkt måtte israelitterne ikke sige ordet "Jehova", når de læste højt af Bibelen. I stedet måtte de læse det som "Adonai", hvilket betyder "Min Herre", fordi de anså Guds navn for at være for helligt til at blive sagt højt.

Da navnet "Jahve" også er et navn, der repræsenterer Gud, mente de, at det udtrykte Guds herlighed og eneherredømme. Så for dem står dette navn for den eneste Almægtige Skaber.

"Du må ikke bruge Herren din Guds navn til løgn"

Nogle mennesker kan ikke engang huske, at der er en sådan befaling i de ti bud. Selv blandt de troende er der mennesker, som ikke respekterer Guds navn og ender med at misbruge det.

At misbruge vil sige at bruge noget på en forkert eller upassende måde. Og at misbruge Guds navn er at bruge Guds hellige navn på en ukorrekt, uhellig eller usandfærdig måde.

Hvis nogen for eksempel udtaler sig på baggrund af egne holdninger og hævder, at der er tale om Guds ord, eller hvis han gør, hvad han vil, og hævder at han handler i overensstemmelse med Guds vilje, så misbruger han Guds navn. Der er også tale om at bruge Guds navn til løgn, hvis man eksempelvis sværger ved det, selv om der er tale om en usandfærdig ed, laver vittigheder over Guds navn og lignende.

En anden almindelig form for misbrug er at mennesker, som ikke gør noget for at søge Gud, beklager sig, når de kommer ud for vanskelige situationer, og fortrydeligt siger: "Gud er også bare ligeglad" eller "Hvis Gud virkelig levede, hvordan ville han så kunne lade dette ske?"

Hvordan kan Gud anse os for at være syndefri, hvis vi simple skabninger misbruger vores egen Skabers navn, selv om han fortjener al herlighed og ære? Derfor må vi ære Gud og forsøge at leve i sandheden, ved konstant at ransage os selv grundigt for at sikre os, at vi ikke udviser nogen form for uforskammethed eller manglende respekt overfor Gud.

Så hvorfor er det en synd at bruge Guds navn til løgn?

For det første er det at misbruge Guds navn et tegn på, at vi ikke tror på ham.

Selv blandt filosoffer, som hævder at de studerer livets mening og universets eksistens, er der folk, som siger, at Gud er død. Og bland almindelige mennesker siger folk ubesindigt: "Der er ingen Gud."

Der var engang en russisk astronaut, som sagde: "Jeg har været i det ydre rum, og jeg så ikke Gud nogen steder." Men som astronaut burde han havde vidst bedre end nogen anden, at det område, han udforskede, kun udgjorde en lille bitte del af det enorme univers. Så det var temmelig tåbeligt af denne astronaut at sige, at Gud, universets Skaber, ikke eksisterer, bare fordi han ikke lige fik øje på ham i den relativt ubetydelige del af universet, han besøgte i en kort stund.

I Salmernes Bog 53:1 står der: *"Tåberne siger ved sig selv: "Gud er ikke til!" De handler ondt og afskyeligt, ingen gør godt."* Et menneske, som ser universet med et ydmygt hjerte, kan opdage myriader af beviser på at Gud Skaberen er til (Romerbrevet 1:20).

Gud gav alle en mulighed for at tro på ham. På gammeltestamentlig tid før Jesus Kristus, rørte Gud de gode menneskers hjerter, sådan at de kunne mærke den levende Gud.

Efter Jesus Kristus, nu i nytestamentlig tid, banker Gud stadig på døren til folks hjerter på mange forskellige måder, for at de skal lære ham at kende.

Det er derfor, gode mennesker åbner deres hjerter, tager imod Jesus Kristus og bliver frelst, uanset om de har hørt budskabet. Gud lader de mennesker, som oprigtigt søger ham, opleve hans nærvær gennem stærke følelser i deres hjerter under bøn, gennem åbenbaringer eller gennem spirituelle drømme.

Jeg hørte engang et vidnesbyrd fra et af kirkens medlemmer, og jeg kunne ikke undgå at blive overrasket. Kvinden fortalte, at hendes mor, som var død af mavekræft, en nat var kommet til hende i en drøm og havde sagt: "Hvis jeg havde mødt Dr. Jaerock Lee, senior pastor i Manmin Centralkirke, ville jeg være blevet helbredt..." Denne kvinde kendte allerede til Manmin Centralkirke, men på grund af denne oplevelse blev hele hendes familie indskrevet i kirken og hendes eneste søn blev helbredt for epilepsi.

Der er stadig mennesker, som benægter Guds eksistens, til trods for at han konstant viser os på utallige måder, at han lever. Det skyldes, at deres hjerter er onde og tåbelige. Hvis disse mennesker fortsætter med at forhærde deres hjerter overfor Gud og tale ubesindigt om ham uden overhovedet at tro på ham, hvordan kan han så opfatte dem som syndefri?

Gud, som kender antallet af hår på hvert enkelts hoved,

holder øje med alle vores handlinger med sine flammende øjne. Hvis folk troede på dette, ville de ikke misbruge hans navn. Nogle menneske kan endda foregive at være troende, men da de ikke tror af hjertets grund, bruger de Guds navn til løgn. Og dette er en synd overfor Gud.

For det andet er det tegn på ligegyldighed overfor Gud at misbruge hans navn.

Hvis vi viser ligegyldighed overfor Gud, så betyder det, at vi ikke respekterer ham. Og når vi ikke viser tilstrækkelig respekt overfor Gud, kan vi ikke påstå, at vi er uden synd.

I Salmernes Bog 96:4 står der: *"For Herren er stor og højt lovprist, han er frygtindgydende for alle guder."* Og i Første Timotheusbrev 6:16 står der: *"Han [Gud], den eneste, som har udødelighed og bor i et utilgængeligt lys, og som intet menneske har set eller kan se. Ham være ære og evig magt! Amen."*

I Anden Mosebog 33:20 står der: *"Men han sagde: "Du får ikke lov at se mit ansigt, for intet menneske kan se mig og beholde livet.""* Gud Skaberen er så stor og mægtig at vi, de simple skabninger, ikke respektløst kan se på ham, når vi har lyst.

Folk med god samvittighed henviste i gamle dage til himlen med respektfulde ord, selv om de ikke kendte Gud. For eksempel talte folk i Korea med ærefrygt, når de henviste til himlen eller vejret, for at vise respekt for Skaberen. De havde måske ikke kendskab til Herren Gud, men de kendte den almægtige Skaber af universet, som sendte dem de ting, de havde brug for, såsom regn og sol fra den høje himmel. Så de viste ham respekt med deres ord.

De fleste menneske bruger respektfulde ord, når de taler om deres forældre eller om mennesker, som de respekterer af hjertets grund, og de misbruger ikke deres navne. Så hvis vi taler om Gud, universets og livets Skaber, bør vi så ikke også omtale ham med den helligste indstilling og de mest respektfulde ord?

Desværre findes der i dag mennesker, der kalder sig selv for troende, men som ikke viser respekt for Gud, og heller ikke tager hans navn alvorligt. For eksempel laver de vittigheder, hvor de misbruger Guds navn, eller citerer Bibelens ord med manglende omhu. I Bibelen står der: *"Ordet var Gud"* (Johannesevangeliet 1:1), så hvis vi mangler respekt for Bibelens ord, er det det samme som at mangle respekt overfor Gud.

En anden form for manglende respekt overfor Gud er at bruge hans navn til løgn. Et eksempel på dette kan være, at en person taler om noget, der er opstået i hans eget sind, men siger, at der er tale om Guds stemme, eller at Helligånden har ført ham. Hvis vi anser det for uhøfligt at bruge et ældre menneskes navn på en upassende måde, hvor meget mere omhyggelige må vi så ikke være med ikke at misbruge Guds navn?

Den almægtige Gud kender alle levende væseners hjerter og tanker ud og ind. Og han ved, om vores handlinger bliver motiveret af det gode eller af det onde. Med sine flammende øjne overvåger han ethvert menneskes liv, og han vil dømme enhver person i overensstemmelse med vedkommendes handlinger. Hvis et menneske for alvor tror på dette, vil han helt sikkert ikke misbruge Guds navn eller begå den synd at opføre sig upassende overfor ham.

Endnu en ting, vi må huske, er, at mennesker, som for alvor elsker Gud, ikke alene bør være forsigtige med, hvordan de bruger Guds navn, men også med, hvordan de behandler de ting, som har relation til Gud. Hvis de for alvor elsker Gud, så bør de behandle kirkens bygninger og kirkens egendele med stor omhu. Og de bør være forsigtige, når de håndterer penge, som tilhører kirken, uanset om der er tale om store eller små beløb.

Hvis man ved et uheld kommer til at smadre en kop, et spejl, eller en rude i en kirke, skal man så bare lade som om, det ikke er sket, og glemme alt om det? Nej, uanset hvor små ting, der er tale om, så er de specifikt tilegnet Gud og hans virke, så de bør ikke ignoreres eller mishandles.

Vi må også være omhyggelige med ikke at dømme eller nedgøre et gudeligt menneske eller et arrangement, som ledes af Helligånden, for disse ting er direkte relateret til Gud.

Selv om Saul handlede ondt overfor David og var en stor trussel for han, så sparede David Sauls liv indtil det sidste, alene af den grund, at Saul var en konge, som var blevet salvet af Gud (Første Samuelsbog 26:23). På samme måde vil et menneske, som elsker og respekterer Gud, være meget omhyggeligt med håndtering af enhver ting, som har relation til Gud.

For det tredje er misbrug af Guds navn det samme som at lyve.

Når man læser i det gamle testamente, er der nogle falske profeter, som er indlejret i Israels historie. Disse falske profeter forvirrede folket ved at give dem information, som de påstod, kom fra Gud, selv om det ikke var tilfældet.

I Femte Mosebog 18:20 giver Gud folket en streng advarsel mod dette. Han siger: *"Men den profet, som formaster sig til at tale noget i mit navn, som jeg ikke har befalet ham at sige, eller som taler i andre guders navn, den profet skal dø!"* Hvis nogen bruger Guds navn til løgn, så vil straffen for denne handling være døden.

I Johannesåbenbaringen 21:8 står der: *"Men de feje og troløse og afskyelige og morderne og de utugtige og troldmændende og afgudsdyrkerne og alle løgnerne skal få deres lod i søen, der brænder med svovl; det er den anden død."*

Hvis den anden død eksisterer, så må den første død også gøre det. Dette henviser til, at folk dør i denne verden uden at tro på Gud. Disse mennesker vil komme i den nedre grav, hvor de vil få en smertefuld straf for deres synder. Omvendt vil de mennesker, som bliver frelst, få det som konger i tusind år under Tusindårsriget på denne jord, efter at de har mødt Herre Jesus Kristus i luften ved hans genkomst.

Efter Tusindårsrige vil dommen fra den Store Hvide Trone komme, hvor alle mennesker vil blive dømt og få deres spirituelle belønning eller straf, alt efter deres handlinger. Til den tid vil de sjæle, som ikke blev frelst, også genopstå for at blive dømt, og de vil hver især komme til enten søen af ild eller søen af brændende svovl, afhængig af vægten af deres synder. Dette er kendt som den anden død.

Der står i Bibelen, at alle løgnere vil opleve den anden død. Her henviser ordet "løgner" til enhver, som bruger Guds navn til løgn. Og dette drejer sig ikke kun om de falske profeter, men også om de mennesker, som sværger ved Guds navn og derefter bryder løftet, for det er det samme som at bruge hans navn til løgn eller at misbruge hans navn. I Tredje Mosebog 19:12 siger Gud: *"I må ikke sværge falsk ved mit navn, så du vanhelliger din Guds navn. Jeg er Herren!"*

Men der findes også troende, som til tider bruger Guds navn til løgn. De kan for eksempel sige: "Mens jeg bad, hørte jeg Helligåndens stemme. Jeg tror, at det var Guds værk." Hvis det ikke havde noget med Gud at gøre, er der tale om en løgn. Eller de kan måske påstå, at noget bestemt er sket ved Guds kraft, selv om det ikke nødvendigvis er sådan. Det er fint, hvis der virkelig er tale om Guds gerning, men hvis der ikke er tale om en gerning ved Helligånden, og de bare siger det rent vanemæssigt, kan det blive et problem.

Som Guds børn bør vi naturligvis altid lytte efter Helligåndens stemme og lade os lede af ham. Men det er vigtigt at vide, at selv om man er et frelst barn af Gud, så betyder det ikke nødvendigvis, at man hele tiden hører Helligåndens stemme. Alt efter i hvor høj grad et menneske er i stand til at frigøre sig for synd og lade sig fylde med sandheden, vil han kunne høre Helligåndens stemme mere eller mindre klart. Så hvis et menneske ikke lever efter sandheden, og går på kompromis med verden, så vil det ikke være muligt for ham at høre Helligåndens stemme tydeligt.

Hvis et menneske er fuldt af usandhed, men pralende og demonstrativt påstår, at produktet af hans egen kødelige tænkning er Helligåndens gerning, så lyver han ikke kun for sine medmennesker; han lyver også overfor Gud. Selv om han virkelig hører Helligåndens stemme, så bør han anstrenge sig for at opfører sig diskret, indtil han hører stemmen fuldkommen klart. Derfor må vi afstå fra skødesløst at kalde noget for Helligåndens gerning, og vi bør også lytte til sådanne påstande med stor påpasselighed.

Det samme gælder, når der er tale om drømme, åbenbaringer eller andre åndelige oplevelser. Nogle drømme gives af Gud, men andre kan opstå som følge af personens store ønske eller bekymring. Og nogle drømme kan endda være Satans gerning, så man skal aldrig træffe forhastede konklusioner og sige: "Denne drøm blev givet af Gud", for det kan være meget upassende overfor Gud at fremsætte en sådan påstand.

Til tider bebrejder folk Gud for trængsler eller vanskeligheder, som rent faktisk kommer fra Satan, som resultat af deres egne synder. Andre gange er folk uforsigtige med rent vanemæssigt at forbinde Guds navn med det, der sker. Når det tilsyneladende går dem godt, kan de sige: "Gud har velsignet mig." Og når der kommer vanskeligheder, siger de: "Nå, Gud har lukket døren for den mulighed." Nogle vil måske bekende deres tro, men det er vigtigt at vide, at der er stor forskel på en bekendelse at et sandfærdigt hjerte, og en bekendelse fra et omskifteligt og pralende hjerte.

I Ordsprogenes Bog 3:6 står der: *"Hav ham i tankerne på alle dine veje, så vil han jævne dine stier."* Det betyder dog ikke, at man skal forbinde Guds hellige navn med hvad som helst, men i stedet at den, der anerkender Gud i alle sine veje, vil forsøge at leve i sandheden til enhver tid og derfor også være påpasselig med, hvordan han bruger Guds navn. Og når det er rigtigt at bruge Guds navn, vil han gøre det med trofasthed og et diskret hjerte.

Så hvis vi ikke ønsker at begå den synd at misbruge Guds navn, bør vi stræbe mod at grunde over hans ord dag og nat, være årvågne i vores bønner og lade os fylde af Helligånden. Først når vi gør dette, kan vi klart høre Helligåndens stemme og handle i retfærdighed i overensstemmelse med hans vejledning.

Hav altid ærefrygt for ham og bliv selv ærværdig

Gud er præcis og grunding. Ethvert ord, han bruger i Bibelen, er rigtigt og passende. Når vi ser på, hvordan han tiltaler de troende, vil vi opdage, at Gud bruger de helt rigtige ord i enhver situation. For eksempel er der forskel på, om man kalder nogen for "broder" eller for "mine kære." Disse ord vil medføre forskellige toner og betydninger. Til tider tiltaler Gud folk som "fædre", "unge" eller "børn", og bruger det ord, som har den rette betydning, alt efter målet af tro hos dem, som bliver tiltalt (Første Korintherbrev 1:10; Første Johannesbrev 2:12-13; 3:12-22).

Det samme gælder for navnene for den Hellige Treenighed. Vi kan se et stort udvalg af navne såsom: Herre Gud, Jehova, Gud Fader, Messias, Herre Jesus, Jesus Kristus, Lammet, Herrens Ånd, Guds Ånd, den hellige ånd, hellighedens ånd, Helligånden, Ånden (Første Mosebog 2:4; Første Krønikebog 28:12; Salmernes Bog 104:30; Johannesevangeliet 1:41; Romerbrevet 1:4).

I det nye testamente før det tidspunkt, hvor Jesus tog korset, bliver han kaldt Jesus, Mester, menneskesøn, men efter han dør og genopstår kaldes han Jesus Kristus, Herre Jesus Kristus, Jesus Kristus af Nazaret (Første Timotheusbrev 6:14; Apostlenes Gerninger 3:6).

Før han blev korsfæstet, havde han endnu ikke gennemført sin mission som frelseren, så han blev kaldt "Jesus", hvilket betyder "Den, som vil frelse sit folk fra deres synder" (Matthæusevangeliet 1:21). Men efter at han fuldførte sin mission, blev han kaldt "Kristus", hvilket indeholder betydningen "Frelser."

Gud, som er fuldkommen, ønsker at vi også skal være korrekte og fuldkomne med hensyn til både ord og handlinger. Så når vi bruger Guds hellige navn, må vi gøre det så korrekte som muligt. Det er derfor, Gud siger i sidste del af Første Samuelsbog 2:30: *"Kun dem, der ærer mig, vil jeg ære, men de, der ringeagter mig, skal blive til skamme."*

Så hvis vi for alvor har ærefrygt for Gud af hjertets grund, vil vi aldrig begå den fejl at misbruge hans navn, og vi vil frygte ham til enhver tid. Så jeg beder for, at du altid må være årvågen i bøn og vogte på dit hjerte, sådan at du må leve et liv til Guds ære.

Kapitel 5

Det fjerde bud

"Husk sabbatsdagen og hold den hellig"

Anden Mosebog 20:8-11

"Husk sabbatsdagen og hold den hellig. I seks dage må du arbejde og gør alt, hvad du skal; men den syvende dag er sabbat for Herren din Gud. Da må du ikke gøre noget som helst arbejde, hverken du selv eller din søn eller din datter, din træl eller trælkvinde eller dine husdyr, og heller ikke den fremmede i dine byer. For på seks dage skabte Herren himlen og jorden og havet med alt, hvad de rummer, men på den syvende dag hvilede han. Derfor har Herren velsignet sabbatsdagen og helliget den."

Hvis man tager imod Kristus og bliver Guds barn, så er det første, man skal gøre, at tilbede Gud hver søndag og give fuldt tiende. Det at give tiende og offergaver viser ens tro på Guds magt over alle fysiske og materielle ting, og at holde sabbatsdagen hellig viser troen på Guds magt over alle spirituelle ting (Se Ezekiels Bog 20:11-12).

Når man handler med tro og anerkender Guds spirituelle og fysiske magt, vil man få Guds beskyttelse fra ulykker, fristelser og fortvivlelse. Spørgsmålet om tiende vil blive diskuteret nærmere i kapitel 8, så dette kapitel vil især fokusere på at holde sabbatsdagen hellig.

Hvordan søndag blev sabbatsdag

Hviledagen, som er dedikeret til Gud, kaldes sabbatsdagen. Dens oprindelse er, at Gud Skaberen dannede universet og mennesket på seks dage, og derefter hvilede på syvendedagen (Første Mosebog 2:1-3). Gud velsignede denne dag og gjorde den hellig, og han befalede at også mennesket skal hvile på denne dag.

På gammeltestamentlig tid lå sabbatten rent faktisk om lørdagen. Og for jøderne er det stadig lørdag, der er sabbatsdag. Men da den nytestamentlige tid begynder, bliver søndag gjort til sabbatsdag, og vi begynder at kalde den for "Herrens dag." I Johannesevangeliet 1:17 står der: *"For loven blev givet ved*

Moses, nåden og sandheden kom ved Jesus Kristus." Og i Matthæusevangeliet 12:8 står der: *"For Menneskesønnen er herre over sabbatten."* Og dette var præcist det, der skete.

Så hvorfor blev sabbatsdagen ændret fra lørdag til søndag? Det skyldes, at den dag, hvor hele menneskeheden er i stand til at opnå sand hvile gennem Jesus Kristus, er søndag.

På grund af det første menneske, Adams ulydighed, blev hele menneskeheden syndens slaver og havde ikke sand sabbat. Mennesket kunne kun skaffe føden i sit ansigts sved, og måtte lide og opleve sorger, sygdom og død. Derfor kom Jesus til denne verden i menneskeligt kød, og han blev korsfæstet for at betale for hele menneskehedens synder. Han døde og genopstod på tredjedagen, overvandt døden og blev genopstandelsen første frugt.

Så Jesus løste syndens problem og gav menneskeheden den sande sabbat tidligt søndag morgen, den første dag efter sabbatsdagen. Det er derfor den dag, hvor Jesus åbnede vejen til frelse for hele menneskeheden – søndag – der er blevet sabbatsdagen i nytestamentlig tid.

Jesus Kristus, sabbattens Herre

Herrens disciple anså også søndag for at være sabbatsdag, og forstod den spirituelle betydning af denne dag. I Apostlenes

Gerninger 20:7 står der: *"Den første dag i ugen var vi samlet for at bryde brødet."* Og i Første Korintherbrev 16:2 står der: *"Den første dag i ugen skal I hver især samle sammen og lægge så meget til side, som han har råd til, så der ikke først skal foretages indsamlinger, når jeg kommer."*

Gud vidste, at denne ændring af sabbatsdagen ville finde sted, så han henviste til dette i det Gamle Testamente, hvor han sagde til Moses: *"Tal til israelitterne og sig til dem: Når I kommer ind i det land, jeg vil give jer, og høster kornet, skal i bringe det første neg af jeres høst til præsten. Han skal foretage svingninger med neget for Herrens ansigt, for at I kan opnå hans velbehag. Samme dag I svinger neget, skal I bringe et lydefrit, årgammelt lam som brændoffer til Herren"* (Tredje Mosebog 23:10-12).

Gud sagde til israelitterne, at når først de var kommet ind i Kana'ans land, skulle de ofre det første neg af deres høst på dagen efter sabbatsdagen. Det første neg symboliserer Herren, som blev genopstandelsens første frugt. Og det årgamle, lydefrie lam er også et symbol på Jesus Kristus, Guds lam.

Disse vers viser, at om søndagen, dagen efter sabbatten, ville Jesus, som blev fredsofferet og genopstandelsens første frugt, give genopstandelsen og den sande sabbat til alle de mennesker, som tror på ham.

Derfor blev søndag den dag, hvor Jesus genopstod, en dag

til sand glæde og taknemmelighed; en dag, hvor det nye liv blev undfanget og vejen til det evige liv blev åbnet; og den dag, hvor den sande sabbat endelig ville finde sted.

"Husk sabbatsdagen og hold den hellig"

Så hvorfor gjorde Gud sabbatsdagen hellig, og hvorfor fortalte han sin folk, at de skulle holde den hellig?

Det skyldes, at selv om vi lever i en kødelig verden, så vil Gud have os til også at huske den åndelige verden. Han vil sikre sig, at vi ikke kun har håb for de forgængelige ting i denne verden. Og han vil havde os til at huske universets Mester og Skaber, og have håb om den sande og evige sabbat i hans rige.

I Anden Mosebog kapitel 20 vers 9-10 står der: *"I seks dage må du arbejde og gøre alt, hvad du skal; men den syvende dag er sabbat for Herren din Gud. Da må du ikke gøre noget som helst arbejde, hverken du selv eller din søn eller datter, din træl eller trælkvinde eller dine husdyr, og heller ikke den fremmede i dine byer."* Det betyder, at ingen må arbejde på sabbatsdagen. Og det inkluderer dig selv, dine tjenere, dine husdyr og enhver fremmed, som besøger dig i dit hus.

De ortodokse jøder må ikke engang tilberede mad, flytte tunge ting eller rejse langt på sabbatsdagen. Alle disse ting anses for arbejde, og de er derfor ikke i overensstemmelse med reglerne for sabbatten. Men disse restriktioner blev lavet af folket selv og overleveret fra én generation til den næste; der er ikke tale om Guds regler.

Da jøderne ledte efter en grund til at anklage Jesus, så de en mand med en vissen hånd, og de spurgte Jesus: "Er det tilladt at helbrede på en sabbat?" De mente selv, at det "arbejde" at helbrede en syg, og at det derfor ikke var tilladt på sabbatsdagen. Men Jesus svarede dem: *"Hvem af jer, der har et får, ville ikke gribe fat i det og trække det op, hvis det faldt i grøften på en sabbat? Et menneske er dog meget mere værd end et får. Derfor er det tilladt at gøre godt på en sabbat"* (Matthæusevangeliet 12:11-12).

At overholde den sabbat, som Gud taler om, er ikke bare det at afholde sig fra at arbejde. Når ikke-troende slapper af fra arbejdet og bliver hjemme, eller tager af sted for at nyde forskellige fritidsaktiviteter, så er der tale om en fysisk hvile fra arbejdet. Men dette anses ikke for sabbat, for det vil ikke give os sandt liv. Vi må først forstå den åndelige betydning af sabbatten, sådan at vi kan holde den hellig og blive velsignede på den måde, som det er Guds intention for os.

Det, som Gud vil, at vi skal gøre på denne dag, er ikke at hvile os rent fysisk, men derimod åndeligt. Esajas' Bog 58:13-14 forklarer, at på sabbatsdagen bør folk afholde sig fra at gøre, hvad de har lyst til, gå deres egne veje, tale med tomme ord, eller nyde de verdslige glæder. I stedet bør de holde dagen hellig.

På sabbatsdagen bør man ikke bruge sin tid på verdslige gøremål, men gå i kirke, hvilket er Herrens krop; indtage livets brød, hvilket er Guds ord; have fællesskab med Herren gennem bøn og lovsigelse; og holde et åndeligt hvil i Herren. Gennem de troendes fællesskab bør de dele Guds nåde med hinanden og hjælpe hinanden med at opbygge deres tro. Når vi tager at spirituelt hvil på denne måde, vil Gud modne vores tro og lade vores sjæl trives.

Så hvad skal vi helt præcist gøre for at holde sabbatsdagen hellig?

For det første må vi ønske sabbatsdagens velsignelser og forberede os som rene kar.

Sabbatsdagen er den dag, som Gud har udvalgt til hellig, og det er en glædelig dag, hvor vi kan få Guds velsignelser. I den sidste del af Anden Mosebog 20:11 står der: *"Derfor har Herren velsignet sabbatsdagen og helliget den."* Og i Esajas' Bog 58:13 står der: *"Du kalder sabbatten frydefuld og Herrens hellige dag ærværdig, hvis du ærer den."*

Selv i dag holder israelitterne lørdagen hellig som sabbatsdagen, ligesom på gammeltestamentlig tid, og de begynder at forberede sabbatten allerede dagen før. De forbereder al maden, og hvis de arbejder uden for hjemmet, skynder de sig tilbage for ikke at komme hjem senere end fredag aften.

Også vi bør forberede vores hjerter på sabbatten allerede før søndagen. Vi bør til enhver tid være årvågne i bøn, før søndagen kommer, og forsøge at leve i sandheden til enhver tid, sådan at vi ikke bygger barrierer af synd mellem os selv og Gud.

Så det at holde sabbatsdagen hellig betyder ikke, at Gud kun skal have denne ene dag. Det betyder at leve hele ugen i overensstemmelse med Guds ord. Og hvis vi gør noget i løbet af ugen, som vil være uacceptabelt for Gud, må vi angre og forberede os på søndagen med et rene hjerter.

Og når søndagen kommer, må vi komme til Gud med taknemmelighed. Vi må komme til ham med glæde og forventning i hjertet, på samme måde som en brud, der venter på sin gom. Med denne indstilling kan vi rent fysisk forberede os selv ved at tage et bad, og måske endda gå til en barber eller frisør for at sikre os, at vi har et pænt og ordentligt ydre.

Vi kan måske endda have lyst at gøre rent i vores hus. Og vi bør have et pænt og rent sæt tøj udvalgt på forhånd, som vi kan have på i kirke. Vi bør ikke lade os involvere i verdslige anliggender sent lørdag aften, sådan at de kan skride ind over søndagen. Vi bør også afholde os fra aktiviteter, som kan forhindre os i at tilbede Gud om søndagen. Og så må vi forsøge at vogte vores hjerte mod at blive irritabelt, vredt eller ophidset, sådan at vi kan tilbede Gud i ånd og sandhed.

Vi bør se frem til søndagen med spændte og kærlige hjerter, og forberede os på at være kar, som er værdige til at modtage Guds nåde. Dette vil sætte os i stand til at opleve en åndelig sabbat i Herren.

For det andet bør vi give hele søndagen fuldt ud til Gud.

Selv blandt de troende er der mennesker, som kun tilbeder Gud under gudstjenesten søndag morgen. De går ikke engang til gudstjeneste søndag aften. I stedet bruger de tiden på at hvile sig, dyrke deres fritidsinteresser eller ordne forretningsanliggender. Hvis vi virkelig ønsker at holde sabbatten hellig på en ordentlig måde med et gudfrygtigt hjerte, så må vi gøre det hele dagen. Hvis vi undlader at deltage i gudstjenesten om eftermiddagen for at gøre forskellige andre ting, så er det fordi, vi lader vore hjerter følge de kødelige lyster, og vi jager efter verdslige ting.

Med denne indstilling er det let at blive distraheret af andre tanker under gudstjenesten om formiddagen. Og selv om vi måske er kommet i kirke, så vil vi ikke være i stand til at tilbede Gud for alvor. Under gudstjenesten vil vores sind blive fyldt med tanker såsom: "Når gudstjenesten er forbi, skal jeg hjem og slappe af" eller "Det bliver rigtig sjovt at se mine venner, når gudstjenesten en forbi" eller "Jeg må hellere skynde mig, sådan at jeg kan komme hen og åbne forretningen, når det her er overstået." Alle muligt tanker vil komme og gå, og vi vil ikke være i stand til at koncentrere os om budskabet, eller vi vil måske endda blive trætte og søvnige under gudstjenesten.

Naturligvis vil de nye i troen lettere blive distraheret, for deres tro er stadig ung, og hvis de er fysisk trætte, kan de blive søvnige. Men da Gud kender enhvers mål af tro og ransager hjertets grund hos hver og en, vil han have nåde med dem. Er der derimod tale om en person, som har et betydeligt mål af tro, og som alligevel rent vanemæssigt bliver distraheret og falder i søvn under gudstjenesten, så er der simpelthen tale om manglende respekt for Gud.

At holde sabbatsdagen hellig betyder ikke kun at være i kirken rent fysisk om søndagen. Det betyder også at holde hele hjertet og hele vores opmærksomhed fokuseret på Gud. Først når vi tilbeder Gud ordentligt hele søndagen i ånd og sandhed, vil han med glæde modtage den behagelige aroma af vores hjerter under tilbedelsen.

Det er også vigtigt, hvordan man tilbringer timerne udenfor gudstjenesten om søndagen, når man vil holde sabbatsdagen hellig. Vi bør ikke tænke: "Når nu jeg går til gudstjeneste, så behøver jeg ikke gøre noget yderligere." Efter gudstjenesten har vi brug for at have fællesskab med andre troende og tjene Guds rige ved at gøre rent i kirken, dirigere trafikken på kirkens parkeringsplads, eller udføre andre frivillige opgaver for kirken.

Når dagen er forbi og vi går hjem for at hvile os, bør vi afholde os fra at dyrke fritidsaktiviteter, som kun tjener det formål at glæde os selv. I stedet bør vi grunde over det budskab, vi har hørt samme dag, eller bruge tiden på at tale med vores familie om

Guds nåde og sandhed. Det vil være en god ide at undlade at tænde fjernsynet, men hvis vi alligevel gør det, så må vi forsøge at undgå bestemte programmer, som kan antænde vores lyst og få os til at søge de verdslige glæder. Vi bør i stedet søge de programmer, som er lødige, rene og allerhelst baseret på troen.

Når vi viser Gud, at vi gør vores bedste for at behage ham, selv i de små ting, så vi han, som ransager vores hjertes grund, modtage vores tilbedelse med glæde, give os Helligåndens fylde og velsigne os, sådan at vi kan få sand hvile.

For det tredje må vi ikke udføre verdsligt arbejde.

Nehemias, der var guvernør i Israel under Persiens konge Atraxerxes, forstod Guds vilje, så han genopbyggede Jerusalems bymure og sikrede sig at folket holdt sabbatsdagen hellig.

Derfor forbød han at arbejde eller sælge på sabbatsdagen, og han jagede endda de folk væk, som sov udenfor bymurene, mens de ventede på at gøre forretninger dagen efter sabbatsdagen.

I Nehemias' Bog 13:17-18 advarer Nehemias sit folk: *"Hvad er det for en skændig handling, I begår! I vanhelliger jo sabbatsdagen! Var det ikke sådan, jeres fædre gjorde, så vor Gud bragte hele denne store ulykke over os og denne by?"* Nehemias siger, at det at handle på sabbatsdagen og undlade at helligholde den, vækker Guds vrede.

Enhver, som bryder sabbatten, undlader at anerkende Guds

autoritet og tro på hans løfte om at velsigne dem, som holder sabbatsdagen hellig. Derfor kan Gud, som er retfærdig, ikke beskytte dem, og de vil blive udsat for ulykker.

Gud befaler os stadig de samme ting i dag. Han fortæller os, at vi skal arbejde flittigt i seks dage, så derefter hvilke den syvende dag. Og hvis vi husker sabbatsdagen og holder den hellig, så vil han ikke alene give os nok til, at vi kan undlade at arbejde den syvende dag, han vil også velsigne os i den grad, at alle vores lagre bugner.

Hvis man læser kapitel 16 i Anden Mosebog, så vil man se, at da Gud gav israelitterne manna og vagtler hver dag, så gav han dem på den sjette dag dobbelt så meget som de andre dage, sådan at de kunne forberede sabbatsdagen. Der var nogle af israelitterne, som af ren egoisme gik ud for at samle manna på sabbatsdagen, men de kom tomhændede tilbage.

Den samme spirituelle lov gælder for os i dag. Hvis et barn af Gud ikke overholder sabbatsdagen, men i stedet giver sig til at arbejde, så vil ham måske opnå vinding på kort sigt, men i det lange løb vil han rent faktisk opleve tab af den ene eller den anden grund.

Sagen er, at selv om det på et givent tidspunkt ser ud til, at man opnår vinding, så vil man helt sikkert komme ud for uforudsete problemer, hvis ikke man har Guds beskyttelse. Man kan for eksempel komme ud for en ulykke, blive syg, osv., hvilket vil ende med at give et tab, der er større end den ekstra indkomst.

Hvis vi omvendt husker sabbatsdagen og holder en hellig, vil Gud våge over os resten af ugen og lede os til velstand. Helligånden vil vogte os med sine søjler af ild og beskytte os fra sygdom. Han vil velsigne os i vores virksomheder, arbejdssteder og alle andre steder, vi end måtte komme.

Derfor gjorde Gud denne befaling til et af sine ti bud. Han fastsatte endda en alvorlig straf: Stening af de mennesker, som blev taget i at arbejde på sabbatsdagen. Det gjorde han, for at folket skulle huske sabbatsdagen vigtighed og ikke komme ind på vejen til den evige død (Fjerde Mosebog, kapitel 15).

Fra det øjeblik, hvor jeg tog imod Kristus i mit liv, gjorde jeg en indsats for altid at huske sabbatsdagen og holde den hellig. Før jeg startede vores kirke, havde jeg en bogbutik. Der var mange mennesker, som kom til forretningen om søndagen for at låne eller aflevere bøger. Og hver gang det skete, sagde jeg: "I dag er det Herrens dag, så forretningen er lukket." Og jeg foretog ikke nogen form for forretninger den dag. Resultatet var, at i stedet for at opleve tab, fik vi så mange velsignelser af Gud de seks dage, vi arbejdede, at vi aldrig mere overvejede at arbejde om søndagen!

Hvornår er det tilladt at arbejde på sabbatsdagen?

Når man læser Bibelen, vil man se, at det i visse tilfælde

er tilladt af arbejde på sabbatsdagen. Det er de tilfælde, hvor arbejdet er en nødvendig del af Herrens gerning, eller hvor man gør det gode, såsom at frelse folks liv.

I Matthæusevangeliet 12:5-8 står der: *"Eller har I ikke læst i loven, at præsterne på selve sabbatten krænker sabbatten i templet uden at pådrage sig skyld? Men jeg siger jer: Her er noget større end templet! Havde I fattet, hvad det betyder: "Barmhjertighed ønsker jeg, ikke slagtoffer", havde I ikke fordømt de uskyldige. For Menneskesønnen er herre over sabbatten."*

Når præsterne slagter dyr som brændoffer på sabbatsdagen, så anses det ikke for arbejde. Så enhver form for arbejde, der gøres for Herren på Herrens dag, anses altså ikke for en krænkelse af sabbatten, da han er sabbattens Herre.

Hvis for eksempel en kirke ønsker at give korets medlemmer og lærerne et måltid mad som tak for, at de har arbejdet hårdt i kirken hele dagen, men ikke har noget cafeteria eller andre faciliteter til at forberede maden, så vil det være tilladt at købe maden andre steder. Det skyldes, at sabbattens herre er Jesus Kristus, og det vil i dette tilfælde være en del af Herrens gerning at købe maden. Men det ville naturligvis være mere ideelt at tilberede maden i kirken, hvis det var muligt.

Der er bogbutikker, som er åbne om søndagen i kirkerne,

og dette anses heller ikke for en krænkelse af sabbatten, for de ting, som bliver solgt i kirkernes bogbutikker, er ikke verdslige ting. De giver liv til de troende, som er i Herren. Der sælges Bibler, salmebøger, og andre ting, som har relation til kirken. Kaffeautomater og kantiner er også tilladt, fordi de hjælper de troende i kirken på sabbatsdagen. Overskuddet fra salget bliver brugt i missionerne og til godgørende formål, så der er forskel på denne form for handel og den verdslige, som foregår udenfor kirken.

Der er også jobs, der må udføres på sabbatten, og som Gud ikke anser for at være krænkelser af sabbatsdagen. Der er tale om jobs indenfor militær, politi, hospitaler, etc. Dette arbejde må gøres for at beskytte og frelse liv, og udføre gode gerninger. Hvis man har jobs indenfor denne kategori, må man dog forsøge at fokusere på Gud, også selv om man kun gør det i sit hjerte. Hjertet må være villigt at til at ansøge den overordnede om at ændre fridagen, hvis det er muligt, for at holde sabbatsdagen hellig.

Hvad med de troende, som holder deres bryllup en søndag? Hvis de hævder, at de tror på Gud, og de holder deres bryllup på Herrens dag, så viser det, at deres tro er meget ung. Men hvis de beslutter sig for at holde deres bryllup en søndag, og ingen fra kirken deltager, så vil de måske blive fornærmede og snuble på deres vej i troen. Så i dette tilfælde bør kirkens medlemmer deltage i brylluppet efter søndagsgudstjenesten.

Dette viser hensyntagen overfor de mennesker, som bliver gift. Dermed undgår man at såre deres følelser og at de snubler i deres troende liv. Det vil dog ikke være acceptabelt at deltage i receptionen efter selve ceremonien, for der er det meningen, at man morer sig på verdslig vis.

Ud over disse tilfælde kan der være flere spørgsmål om sabbatsdagen. Men når man først begynder at forstå Guds hjerte, kan man let finde svar på disse spørgsmål. Når man skiller sig af med al ondskaben i hjertet, kan man tilbede Gud af hjertets grund. Man kan handle med oprigtig kærlighed til andre sjæle i stedet for at dømme dem med menneske-regler ligesom saddukæerne og farisæerne. Man kan nyde den sande sabbat i Herren og helligholde Herrens dag. Og så vil man kende Guds vilje i alle situationer. Man vil vide, hvad man skal gøre ved Helligåndens vejledning, og man vil altid kunne nyde den frihed, der kommer af at leve i sandheden.

Gud er kærlighed, så hvis hans børn adlyder hans befalinger og gør det, der behager ham, vil han give dem hvad som helst, de beder om (Første Johannesbrev 3:21-22). Han vil ikke alene udøse sin nåde over os, men også velsigne os, sådan at vi kan blive velstående og få succes på alle områder af vores liv. Og til sidst vil han føre os til himlens bedste boliger.

Han har beredt himlen for os, sådan at vi kan leve i evig kærlighed og lykke med vor Herre, ligesom brud og gom lever sammen i kærlighed og lykke. Dette er den sande sabbat, som

Gud vil vise os. Så jeg beder for, at din tro vil modne og blive større for hver dag, der går, og at du vil huske sabbatsdagen og holde den hellig fuldt og helt.

Kapitel 6

Det femte bud

"Ær din far og din mor"

Anden Mosebog 20:12

"Ær din far og din mor, for at du må få et langt liv på den jord, Herren din Gud vil give dig."

En kold vinter, hvor Koreas gader var fulde af lidende flygtninge på grund af koreakrigens ødelæggelser, var der en kvinde, som gjorde sig klar til at føde. Hun havde flere mil at gå, før hun ville nå frem til sit planlagte mål, men hendes veer blev stærkere og kom hyppigere, så hun kravlede forsigtigt ned under en afsides liggende bro. Mens hun lå på den kolde, gennemfrosne jord, udholdt hun fødselssmerterne helt alene og bragte sit barn til verden. Så viklede hun det lille barn, der stadig var dækket af blod, ind i sit eget tøj og holdt ham tæt ind til sit bryst.

Nogle få øjeblikke senere kom en amerikansk soldat over broen, og han hørte babyen græde. Han fulgte efter lyden, kravlede ned under broen, og fandt en død, frossen og nøgen kvinde, sammenbøjet over en grædende baby, der var dækket i flere lag tøj. Ligesom kvinden i denne historie, elsker forældre deres børn i så høj grad, at de let og uselvisk kan ofte selv deres liv for dem. Så hvor meget større må da Guds ubetingede kærlighed til os være?

"Ær din far og din mor"

At ære sin far og sin mor betyder at adlyde sine forældres vilje, og at tjene dem med oprigtig respekt og høflighed. Vores forældre har givet os livet og opdraget os. Hvis de ikke eksisterede, ville vi heller ikke gøre det. Så selv om Gud ikke havde gjort denne befaling til et af de ti bud, ville folk med gode hjerter alligevel ære deres forældre helt naturligt.

Gud giver os dette bud: "Ær din far og din mor", for som han nævner i Efeserbrevet 6:1: *"Børn, adlyd jeres forældre i Herren; for det er ret og rigtigt."* Han vil, at vi skal ære vores forældre i overensstemmelse med hans ord. Hvis vi er ulydige overfor Guds ord for at behage vores forældre, så er det ikke for alvor at ære sine forældre.

Lad os som eksempel forestille os, at man er ved at gå af sted til kirken om søndagen, og ens forældre siger: "Lad være med at gå i kirke i dag. Lad os bruge tiden på at være samme i familien." Hvad skal man så gøre? Hvis man retter sig efter sine forældre for at behage dem, så er det ikke for alvor at ære dem. Det er en krænkelse af sabbatsdagen, og det er vejen til det evige mørke sammen med forældrene.

Selv om man adlyder og tjener dem godt i kødet, så vil det rent spirituelt sige at gå direkte mod det evige helvede, og hvordan kan man så sige, at man elsker sine forældre? Man må først og fremmest handle i overensstemmelse med Guds vilje, og så forsøge at bevæge sine forældres hjerter, sådan at man kan komme i himlen sammen med dem. Dette er i sandhed at ære dem.

I Anden Krønikebog 15:16 står der: *"Kong Asa fjernede også sin mor som kongemoder, fordi hun havde ladet fremstille en rædselsstøtte til Ashera. Asa huggede støtten om, knuste den og brændte den i Kedrondalen."*

Hvis dronningen i en nation tilbeder afguder, så er hun fjendtlig overfor Gud og hun går mod den evige forbandelse. Og ikke alene det, hun sætter også sine undersåtter i fare ved at få dem til at begå afgudsdyrkelse og dermed falde i den evige forbandelse samme med hende. Så Asa forsøgte ikke at behage kongemoderen, selv om der var tale om hans egen mor. Han fjernede hende i stedet fra hendes position som dronning, sådan at hun kunne angre sine fejl overfor Gud, og folket kunne tilskyndes til at gøre et samme.

Men selv om kong Asa afsatte sin mor fra hendes position som kongemoder, så betød det ikke, at han holdt op med at gøre sin pligt som hendes søn. Da han elskede hendes sjæl, fortsatte han med at respektere hende og ære hende som sin mor.

Hvis man skal kunne sige: "Jeg ærer i sandhed mine forældre", så betyder det også at hjælpe ikke-troende forældre til at få frelse og komme i himlen. Hvis vores forældre allerede er troende, må vi hjælpe dem med at komme til de bedste boliger i himlen. På samme tid må vi forsøge at tjene dem og behage dem så godt, vi kan, indenfor Guds sandhed, mens vi lever her på denne jord.

Gud er Fader til vores ånd

"Ær din far og mor" betyder i sidste ende det samme som "Adlyd Guds befalinger og ær ham." Hvis man for alvor ærer Gud af hjertets grund, så vil man også ære sine forældre. Og omvendt, hvis man oprigtigt tjener sine forældre, så vil man også tjene Gud med oprigtighed. Men for at udtrykke det rent ud, så er det sådan, at hvis man skal prioritere, så må Gud komme først.

I mange kulturer er det sådan, at hvis en far siger til din søn: "Tag mod øst", så vil sønnen adlyde og tage mod øst. Men hvis bedstefaderen siger: "Nej, tag ikke mod øst, men mod vest", så vil det rigtige for sønnen være at sige til sin far: "Bedstefar siger, at jeg skal tage mod vest", og så tage mod vest.

Og hvis faren for alvor ærer sin egen far, så vil han ikke blive vred over, at sønnen adlyder bedstefaren i stedet for ham selv. Det at adlyde sine ældre, alt efter generation, gælder også i vores forhold til Gud.

Gud er den, som har skabt og givet liv til vores far, bedstefædre og alle vore øvrige forfædre. Et menneske bliver skabt ved foreningen mellem sperm og æg. Men den, som har givet mennesket livets basale sæd, er Gud.

Vores synlige kroppe er ikke andet end midlertidige telte, som vi bruger i den korte tid, hvor vi lever her på denne jord. Fra Gud, som er den sande skaber af hver af os, har vi den ånd, som bor i os. Uanset hvor klog og vidende menneskeheden bliver, så er der ikke nogen, som kan klone menneskets ånd. Og selv om mennesket er i stand til at klone menneskeceller og skabe menneskelige former, så er der ikke tale om et menneske, hvis ikke Gud giver disse former en ånd.

Den sande Fader til vores ånd er derfor Gud. Når vi ved dette, bør vi gøre vores bedste for at tjene og ære vores fysiske forældre, men vi bør elske, tjene og ære Gud endnu mere, for han er vores oprindelse og den, som har givet os livet selv.

En forældre, som forstår dette, vil aldrig tænke: "Jeg har givet mit barn livet, så nu kan jeg gøre, hvad jeg vil med ham." Som der står i Salmernes Bog 127:3: *"Sønner er en gave fra Herren, moderlivets frugt er lønnen."* Forældre, som har tro, vil anse deres barn for at være et gudgivet foretagende og en uvurderlig sjæl, som skal opfostres i overensstemmelse med Guds vilje, og ikke deres egen.

Hvordan man skal ære Gud, vores ånds Fader

Så hvad skal man gøre for at ære Gud, vores ånds Fader?

Hvis man i sandhed ærer sine forældre, så bør man adlyde dem og forsøge at bringe dem glæde og ro i hjertet. På samme måde er det sådan, at hvis man virkelig vil ære Gud, så bør man elske ham og adlyde hans bud.

Som der står i Første Johannesbrev 5:3: *"For dette er kærlighed til Gud: At vi holder hans bud; og hans bud er ikke tunge."* Hvis man virkelig elsker Gud, så vil de være en fornøjelse at adlyde hans bud.

Guds bud er optegnet med forskellige ord i Bibelens seksogtres bøger. Der er bud i stil med: "Elsk, tilgiv, skab fred, bed, osv...", hvor Gud fortæller os, at vi skal gøre noget bestemt. Og der er andre bud af typen: "Had ikke, fordøm ikke, lad dig ikke narre, etc...", hvor Gud fortæller os, at vi skal afholde os fra bestemte handlinger. Så er der bud i stil med: "Skil dig af med selv den mindste synd, etc...", hvor Gud befaler os at fjerne noget bestemt fra vores liv, og endelig: "Hold sabbatsdagen hellig, etc...", hvor vi får besked på at overholde noget.

Det er først, når vi handler i overensstemmelse med de bud, der er optegnet i Bibelen og begynder at udsende en aroma som kristne til Gud, at vi for alvor kan sige, at vi ærer Gud Fader.

Det er let at se, at de mennesker, som elsker og ærer Gud, også elsker og ærer deres fysiske forældre. For Guds bud inkluderer også at ære vores forældre og elske vores brødre.

Der er nogle mennesker, som elsker Gud og gør deres bedste for at tjene ham i kirken, men som på en eller flere måder ignorerer deres forældre derhjemme. Andre er ydmyge og venlige overfor brødre og søstre i kirken, men bliver til tider uhøflige i hjemmet og fornærmer deres egen familie. Nogle konfronterer deres forældre med ord og handlinger, som viser frustration, og siger til dem, at de vrøvler. Kender du det?

Det kan naturligvis sagtens ske, at man er uenig med sine forældre på grund af forskelle i uddannelse, generation eller kultur. Men vi bør altid forsøge at respekterer og ære vores forældres holdninger. Selv om vi måske selv har ret, så bør vi altid være i stand til at give efter for deres meninger, så længe de ikke modsiger det, der står i Bibelen.

Vi bør aldrig glemme at ære vores forældre, og vi skal forstå, at vi har fået livet og er blevet i stand til at vokse op og modnes på grund af deres kærlighed og ofrer for os. Nogle mennesker kan måske føle, at deres forældre aldrig har gjort noget for dem, og de vil derfor have svært ved at ære dem. Men selv om visse forældre måske ikke har været særlig trofaste overfor deres forpligtelser som forældre, så må vi huske, at det er almindelig menneskelig høflighed at ære de personer, som har bragt os til verden.

Hvis man elsker Gud, skal man ære sine forældre

At elske Gud og at ære sine forældre er to ting, som følger hinanden helt naturligt. I Første Johannesbrev 4:20 står der: *"Hvis nogen siger: "Jeg elsker Gud," men hader sin broder, er han en løgner; for den, der ikke elsker sin bror, som han har set, kan ikke elske Gud, som han ikke har set."*

Hvis nogen hævder, at han elsker Gud, men ikke elsker sine forældre, og ikke lever i fred med sine brødre og søstre, så er vedkommende en hykler, og han lyver. Det er derfor, vi ser i Matthæusevangeliet 15:4-9 at Jesus irettesætter farisæerne og de skriftkloge. Ifølge de ældres traditioner skulle de ikke bekymre sig om at give deres forældre noget, så længe de gav offergaver til Gud.

Hvis nogen siger, at han ikke kan give sine forældre noget, fordi han har givet til Gud, så bryder han ikke alene Guds bud om at ære forældrene; han bruger også Gud som undskyldning, så det er tydeligt, at hans hjerte er ondt. Han forsøger at tage det, som rent faktisk tilhører hans forældre, for at tilfredsstille sig selv. Et menneske, som for alvor elsker og ærer Gud af hjertets grund, vil også elske og ære sine forældre.

Hvis for eksempel en person, som tidligere har haft svært ved at elske sine forældre, begynder at forstå Guds kærlighed, så vil han lidt efter lidt også begynde at forstå sine forældres kærlighed. Jo mere man kommer ind i sandheden, skiller sig af med synder, og lever i overensstemmelse med Guds ord, jo mere vil hjertet fyldes af sand kærlighed, og jo mere vil man også være i stand til at elske og tjene sine forældre.

Man velsignes, når man opfylder det femte bud

Gud har givet et løfte til de mennesker, som elsker Gud og

ærer deres forældre. I Anden Mosebog 20:12 står der: *"Ær din far og din mor, for at du må få et langt liv på den jord, Herren din Gud vil give dig."*

Dette vers betyder ikke kun, at man vil få et langt liv, hvis man ærer sine forældre. Det betyder også, at i den grad man ærer Gud og sine forældre i hans sandhed, vil man blive velsignet med fremgang og beskyttelse på alle livets områder. "Langt liv" betyder, at Gud vil velsigne os, vores familier og vores arbejdspladser fra pludselige ulykker, sådan at vi vil få lange liv i god trivsel.

Ruth, en kvinde i det Gamle Testamente, fik denne velsignelse. Ruth var ikke jøde. Hun kom fra landet Moab, og i betragtning af hendes fysiske omstændigheder ville man nok sige, at hun havde et hårdt liv. Hun blev gift med en jødisk mand, som havde forladt Israel for at undgå hungersnød. Men kort tid efter at de var blevet gift, døde han og efterlod hende uden børn.

Hendes svigerfar var allerede død, og der var ingen mand i huset, som kunne brødføde familien. Ud over hende selv bestod husholdningen kun af hendes svigermor, No'omi, og hendes svigersøster, Orpa. Da hendes svigermor No'omi brød op for at tage tilbage til Juda, besluttede Ruth sig hurtigt for at tage med hende.

No'omi forsøgte at overtale sin unge svigerdatter til at forlade hende og forsøge at starte et nyt, lykkeligere liv, men Ruth lod sig ikke rokke. Hun var fast besluttet på at tage sig af sin enlige svigermor til det sidste, så hun tog med hende til Juda, et land som var fuldstændig fremmed for hende. Hun elskede sin svigermor og ønskede at gøre sin pligt som svigerdatter. Så hun gjorde det bedste for at tage sig af No'omi, så længe hun kunne. Med denne hensigt opgav hun endda muligheden for selv at søge sig et nyt og lykkeligere liv.

Ruth havde også fået tro på Israels Gud gennem sin svigermor. Det fremgår af Ruths rørende udtalelse i Ruths Bog, kapitel 1, vers 16-17:

> *Du må ikke tvinge mig til at forlade dig og vende tilbage. Nej, hvor du går hen, vil jeg gå, hvor du bor, vil jeg bo; dit folk er mit folk, og din Gud er min Gud. Hvor du dør, vil jeg dø, og der vil jeg begraves. Herren ramme mig igen og igen: Kun døden skal skille os!*

Da Gud hørte denne bekendelse, velsignede han Ruth og bragte hende trivsel, selv om hun ikke var jøde. Ifølge den jødiske skik, hvor en kvinde kunne gifte sig med en af sin afdøde mands slægtninge, blev Ruth i stand til at starte et nyt, lykkeligere liv med en god mand og tage sig af sin svigemor, som hun elskede, indtil det sidste.

Desuden fik hun også det privilegium at blive en del af Frelser

Jesu Kristi stamtræ, idet kong David var en direkte efterkommer af hende. Som Gud havde lovet, fik Ruth en overflod af fysiske og åndelige velsignelser, fordi hun ærede sine forældre i Guds kærlighed.

Ligeså Ruth må vi elske Gud over alt, og derefter ære vores forældre i Guds kærlighed. Dermed vil vi få alle de velsignelser, som Gud lover os med ordene: "Du må få et langt liv på den jord."

Kapitel 7

Det sjette bud

”Du må ikke begå drab”

Anden Mosebog 20:13

"Du må ikke begå drab."

Som pastor har jeg kontakt med mange af kirkens medlemmer. Ud over at se dem ved de almindelige gudstjenester, møder jeg dem, når de kommer for at modtage min bøn, dele deres vidnesbyrd, eller søger spirituel opmuntring. For at hjælpe dem med at få en stærkere tro, stiller jeg dem ofte dette spørgsmål: "Elsker du Gud?"

"Ja! Jeg elsker Gud", vil de fleste mennesker svare uden tøven. Men det skyldes ofte, at de ikke kender den sande spirituelle betydning af at elske Gud. Så deler jeg dette vers med dem: *"For dette er kærlighed til Gud: at vi holder hans bud"* (Første Johannesbrev 5:3), og jeg forklarer dem den spirituelle betydning af at elske Gud. Så stiller jeg dem igen det samme spørgsmål, og de fleste mennesker svarer noget mindre sikkert den anden gang.

Det er enormt vigtigt at forstå den spirituelle betydning af Guds ord. Og det samme gælder for de ti bud. Så hvad er den spirituelle betydning af det sjette bud?

"Du må ikke begå drab"

Når vi læser Første Mosebog kapitel 4, bevidner vi det første mord i menneskehedens historie. Det drejer sig om Adams søn, Kain, der slår sin yngre bror Abel ihjel. Hvorfor sker disse ting?

Abel ofrede til Gud på den måde, som behagede Gud. Kain ofrede til Gud på den måde, han selv mente, var rigtig, og på den måde, som var mest bekvem for ham selv. Da Gud ikke tog imod Kains offer, blev Kain jaloux på sin bror i stedet for at forsøge at forstå, hvad han havde gjort galt, og han blev fyldt med vrede og modvilje.

Gud kendte Kains hjerte, og han advarede ham ved flere lejligheder. Han sagde til ham: *"Den [synden] vil begære dig, men du skal herske over den"* (Første Mosebog 4:7). Men som der står i Første Mosebog 4:8: *"Da de en dag var ude i det fri, overfaldt Kain sin bror Abel og slog ham ihjel."* Kain var ikke i stand til at kontrollere vreden i sit hjerte, og han endte med at begå en uomstødelig synd.

Af ordene "da de en dag var ude i det fri" kan vi fornemme, at Kain havde ventet på et passende øjeblik, hvor han kunne være alene med sin bror. Det betyder, at Kain allerede havde besluttet sig for at slå sin bror ihjel, og bare ventede på muligheden. Det mord, som Kain begik, var ikke uoverlagt; det var resultatet af hans ukontrollerede vrede, som blev omsat til handling på et kort øjeblik. Det var det, der gjorde Kains mord til en så stor synd.

Efter dette mord er der sket utallige andre gennem menneskehedens historie. Og i dag, hvor verden er fuld af synd, sker der indtil flere mord om dagen. De kriminelles gennemsnitsalder er faldende, og den form for kriminalitet, der bliver begået, indebærer større og større ondskab. Det værste er, at nu og stunder er det ikke engang chokerende at høre om mord, hvor forældre har slået deres børn ihjel eller børnene har slået deres forældre ihjel.

Fysisk mord: At tage et andet menneskes liv

Rent legalt er der to former for mord: Der er førstegradsmord, hvor et menneske intentionelt dræber et andet af en specifik årsag; og så er der andengradsmord, hvor et menneske uoverlagt kommer til at dræbe et andet. Der er forskellige typer af mord, f.eks. på grund af ondskab, materiel vinding eller uforsvarlig opførsel i trafikken. Syndens vægt vil være forskellig alt efter omstændighederne for mordet. Nogle former for mord anses ikke for synd, såsom at udgyde blod under krig eller at slå ihjel som følge af lovligt selvforsvar.

Der står i Bibelen, at hvis et menneske dræber en tyv, som bryder ind i hans hus om natten, så skal det ikke anses for mord. Men hvis man dræber en tyv, som bryder ind i huset om dagen, så må det anses for overdreven selvforsvar, og så bør man blive straffet. Det skyldes, at for nogle tusind år siden, dengang Gud gav os sin lov, var det let for folk at jage en tyv ud af huset eller fange ham med hjælp fra et andet menneske.

Gud anser det overdrevne selvforsvar, som udgyder andres blod, for en synd, fordi han forbyder, at man ignorerer menneskerettighederne og gør misbrug af livets værdighed. Dette viser hans retfærdige og kærlige natur (Anden Mosebog 22:2-3).

Selvmord og abort

Ud over de tidligere nævnte former for mord, så er der også tilfældet med selvmord. Selvmord adskilles klart fra mord af Gud. Gud har overherredømmet over alle menneskers liv, og selvmord er en handling, som benægter dette overherredømme. Der er derfor tale om en stor synd.

Men folk begår denne synd, fordi de ikke tror på livet efter døden, eller fordi de ikke tror på Gud. Så de udfører ikke kun den synd at begå et mord, de tilføjer også den synd ikke at tro på Gud. Man kan forestille sig, hvilken form for dom, der vil vente dem!

Nu om dage, hvor der er så mange mennesker, der bruger internet, er der ofte tilfælde af, at folk bliver tilskyndet til at begå selvmord over internettet. I Korea er kræft den væsentligste årsag til dødsfald blandt folk i fyrrerne, men den næst mest væsentlige årsag er selvmord. Dette er ved at blive et alvorligt socialt problem. Folk må forstå, at de ikke har autoritet til at afslutte deres egne liv, og at selv om de afslutter deres liv her på jorden, så betyder det ikke, at de problemer, de efterlader sig, bliver løst.

Hvad så med abort? Sandheden er, at barnets liv også er under Guds herredømme, mens det ligger i morens mave, så abort falder under kategorien mord.

I dag hvor synden kontrollere så mange menneskers liv, aborterer folk deres børn uden overhovedet at anse det for en synd. Det er slå et andet menneske ihjel er i sig selv en frygtelig synd, men hvis folk tager deres eget barns liv, hvor meget større må så ikke synden være?

Fysisk mord er helt klart en synd, og alle lande har strenge love mod det. Det er også en alvorlig synd overfor Gud, så den fjendtlige djævel kan påføre de mennesker, som myrder, alle mulige former for trængsler og prøvelser. Ydermere vil der vente dem en flammende dom i efterlivet, så ingen bør nogensinde begå den synd at myrde.

Åndeligt mord skader ånd og sjæl

Gud anser fysisk mord for at være en frygtelig synd, men han opfatter åndeligt mord – hvilket også er frygteligt – for et ligeså alvorligt anliggende. Så hvad er åndeligt mord helt præcist?

For det første er åndeligt mord, at en person gør noget gennem enten ord eller handling, som er i modstrid med Guds sandhed, og derved får et andet menneske til at snuble i troen.

Hvis man får en anden til at snuble, skader man hans ånd og får ham til at fjerne sig fra Guds sandhed.

Lad os forestille os, at en ung troende kommer hen til en af kirkens ledere for at få vejledning og spørger: "Vil det være i orden, hvis jeg ikke kommer til søndagsgudstjenesten, og i stedet ordner et meget vigtigt forretningsanliggende?" Hvis lederen siger: "Nuvel, hvis det virkelig er et meget vigtigt forretningsanliggende, så vil det vel være i orden, at du undlader at komme til søndagsgudstjenesten", så vil han få den unge troende til at snuble.

Eller lad os forestille os, at den, der tager vare på kirkens regnskaber, spørger: "Kan jeg låne nogle af kirkens penge til et personligt formål? Jeg betaler dem tilbage om nogle få dage." Hvis kirkens leder svarer: "Så længe du betaler tilbage, er det helt i orden", så siger han god for noget, som står i modstrid med Guds vilje, og han vil dermed skade den anden troendes ånd.

Eller hvad nu hvis lederen af en lille gruppe siger: "Vi har alle meget travle liv, så hvordan kan det være muligt for os at mødes så ofte?" Så lærer han de øvrige troende, at de ikke skal tage kirkens møder særlig alvorligt. Dette står i modstrid til Guds sandhed, og han får sine medtroende til at snuble (Hebræerbrevet 10:25). Som der står skrevet: *"Når en blind leder en blind, falder de begge i grøften"* (Matthæusevangeliet 25:14)

At give andre troende usandfærdig information og at få dem til at snuble på vejen til Guds sandhed er forskellige former for åndeligt mord. Hvis man giver de troende forkert information, kan de blive udsat for trængsler uden grund. Derfor må kirkens ledere, som har en position, hvor de må undervise de andre troende, bede regelmæssigt til Gud og sørge for, at den information, de giver, er korrekt. Hvis der er tvivl, må de henvise spørgsmålet til en anden leder, som kan give det rette svar fra Gud, sådan at de kan styre de troende i den rigtige retning.

Hvis man siger ting, som man ikke burde sige, eller taler med onde ord, kan dette desuden også falde ind i kategorien af åndeligt mord. Når man siger ting, som fordømmer eller dømmer andre, skaber Satans synagoge ved at sladre, eller opildner til diskussion mellem folk, så er der i alle tilfælde tale om, at man provokere andre til at hade eller handle med ondskab.

Det værste er, når folk spreder rygter om Guds tjenere, såsom pastorerne, eller om kirken. Disse rygter kan få mange mennesker til at snuble, og de mennesker, som spreder rygterne, vil derfor helt sikkert blive stillet til dom overfor Gud.

I nogle tilfælde kan vi se, at folk skader deres egen ånd på grund af ondskaben i deres hjerter. Eksempler på dette er jøderne, som forsøgte at dræbe Jesus – til trods for at han handlede i sandheden – eller Judas Iskariot, som bedragede Jesus ved at sælge ham til jøderne for tredive sølvmønter.

Hvis nogen snubler efter at have set en andens svaghed, så bør vedkommende vide, at han også selv har ondskab i sig. Til tider ser folk en helt ny kristen, som endnu ikke har skilt sig af med sine tidligere væremåder, og siger: "Og han kalder sig for kristen? På grund af ham vil jeg ikke gå i kirke." I dette tilfælde får de sig selv til at snuble. Der er ikke nogen andre, som er skyld i det; de skader sig selv på grund af deres egen ondskab og deres fordømmende hjerte.

I nogle tilfælde kan folk falde bort fra Gud efter at være blevet skuffede over andre, som de troede, var stærke i troen, men som har handlet i usandhed. Men hvis de bare havde fokuseret på Gud og Herre Jesus Kristus, ville de ikke være snublet, og de ville ikke være kommet bort fra frelsens vej.

For eksempel kan folk til tider stille økonomisk sikkerhed for et menneske, som de virkelig stoler på og respekterer, men af den ene eller den anden grund går tingene galt, og så kan den, som har stillet sikkerhed, få problemer. I dette tilfælde vil mange mennesker blive skuffede eller fornærmede. Når der sker noget sådant, må vi forstå, at hele situationen beviser, at der ikke har været tale om sand tro, og at disse mennesker bør angre deres ulydighed. De har været ulydige overfor Gud, for han har helt specifikt fortalt os, at vi ikke må stille sikkerhed for gæld (Ordsprogenes Bog 22:26).

Hvis man for alvor har et godt hjerte og sand tro, så bør man bede for folk med medfølende hjerte, når man ser deres svagheder, og vente på, at de ændrer sig.

Desuden er der folk, som får sig selv til at snuble, fordi de bliver fornærmede, når de lytter til Guds budskab. Hvis for eksempel en pastor holder en prædiken over en specifik synd, så tror de, at han taler om dem, og tænke: "Han taler om mig! Hvordan kan han gøre det foran alle disse mennesker?" Derefter forlader de kirken. Dette kan ske, selv om pastoren overhovedet ikke har tænkt på dem, og da slet ikke nævner deres navn.

Eller hvis en pastor siger, at tiende tilhører Gud, og at Gud velsigner de mennesker, som giver tiende, så er der nogle, som beklager sig over, at kirken lægger for står vægt på penge. Og når en pastor giver vidnesbyrd om Guds kraft og hans mirakler, er der nogle mennesker, som siger: "Det her giver ingen mening for mig", og de beklager sig over, at budskaberne ikke stemmer overens med deres viden og uddannelse. Alle disse eksempler viser, hvordan folk bliver fornærmede helt af sig selv, og få sig selv til at snuble.

Jesus siger i Matthæusevangeliet 11:6: *"Og salig er den, som ikke forarges på mig."* Og i Johannesevangeliet 11:10 siger han: *"Men den, der vandrer om natten, snubler, for lyset er ikke i ham."* Hvis et menneske har et godt hjerte og ønsker at få sandheden, så vil han hverken snuble eller falde bort fra Gud, for hans ord, som er lyset, vil være i ham. Når et menneske snubler eller bliver fornærmet over noget, så viser det, at der stadig er mørke i ham.

Hvis et menneske let bliver fornærmet, så er det tegn på, at han enten har en svag tro, eller har mørke i sit hjerte. Men et menneske, som fornærmer en anden, er også ansvarlig for udfaldet af situationen. Så når man skal viderebringe budskabet til andre, må man altid forsøge at gøre det med visdom, også selv om det, man siger, er sandheden, og man må forsøge at tilpasse det, man vil sige, til modtagerens mål af tro.

Hvis man siger til en ny kristen, som lige har fået Helligånden: "Hvis du vil frelses, så hold op med at ryge og drikke" eller "Du må ikke holde din butik åben om søndagen" eller "Hvis du begår den synd at holde op med at bede, så vil der blive skabt en mur, som skiller dig fra Gud, så du må sørge for at komme i kirke hver dag for at bede", så vil det være det samme som at give kød til et spædbarn, som kun må få mælk. Selv om den nye kristne måske vil adlyde under pres, så vil han sandsynligvis tænke: "Hold da op! Det er godt nok svært at være kristen." Han vil føle sig bebyrdet og før eller siden vil han opgive troen.

I Matthæusevangeliet 18:7 står der: *"Ve verden for det, der fører til fald. Vel må der komme fald, men ve det mennesker, som bliver årsag til fald."* Selv om man siger noget bestemt af hensyn til det andet menneskes bedste, så vil det blive anset for åndeligt mord, hvis vedkommende bliver fornærmet og falder bort fra Gud, og så vil man uundgåeligt blive udsat for trængsler for at betale prisen for denne synd.

Så hvis man elsker Gud, og hvis man elsker andre, bør man udøve selvkontrol for hvert ord, man siger, sådan at det, man siger, bringer nåde og velsignelser til alle, som lytter. Selv om man underviser andre mennesker i sandheden, så bør man forsøge at være følsom og se, om det, man siger, får dem til at føle sig anklagede og gør dem triste, eller om det giver dem håb og styrke til at anvende det, de har lært, i deres liv. Derved kan alle, man taler med, gå den herlige vej til livet i Jesus Kristus.

Det er åndeligt mord at hade sin bror

Den anden type af åndeligt mord er at hade sin bror eller søster i Kristus.

Der står skrevet i Første Johannesbrev 3:15: *"Enhver, som hader sin broder, er en morder, og I ved, at ingen morder har evigt liv."*

Dette skyldes primært, at roden til mord er had. Det starter med, at man hader nogen i hjertet. Men når hadet vokser, kan man begynde at udføre onde handlinger mod det andet menneske, og i sidste ende kan dette had være årsag til mord. I Kains tilfælde startede det alt sammen, da Kain begyndte at hade sin bror Abel.

Derfor står der i Matthæusevangeliet 5:21-22: *"I har hørt, at der er sagt til de gamle: "Du må ikke begå drab" og "Den, der begår drab, skal kendes skyldig af domstolen." Men jeg siger jer: Enhver, som bliver vred på sin broder, skal kendes skyldig af domstolen; den, der siger: Raka! til sin broder, skal kendes skyldig af Det store råd; den, der siger: Tåbe! skal dømmes til Helvedes ild."*

Hvis et menneske hader et andet i hjertet, så kan denne vrede få ham til at starte et slagsmål. Og hvis der sker noget godt for det menneske, han hader, kan han blive jaloux og fordømmende, dømme den anden eller sprede rygter om hans svagheder. Han vil måske bedrage ham og pådrage ham skade, eller blive fjende med ham. At hade et andet menneske og at handle med ondskab overfor andre er begge eksempler på åndeligt mord.

På gammeltestamentlig tid var det ikke let for folk at omskære deres hjerte og blive hellige, for Gud havde endnu ikke sendt Helligånden. Men nu i nytestamentlig tid, hvor vi kan få Helligånden i vores hjerter, giver den os kraft til at skille os af med selv den dybeste syndefulde natur.

Helligånden er en del af den treenige Gud, og den er ligesom en detaljeorienteret mor, der lærer os om Gud Faders hjerte. Helligånden fortæller os om synd, retfærdighed og dom, og den hjælper os dermed til at leve i sandheden. Det er derfor, vi kan skille os af med selv den mindste lille synd.

Derfor fortæller Gud ikke alene sine børn, at de ikke må begå fysisk mord, han siger også, at vi må skille os af med selve hadets rod, som er i vores hjerter. Først når vi har skilt os af med al ondskaben i vores hjerter og fyldt dem med godhed, kan vi for alvor dvæle ved Gud og nyde beviserne på hans kærlighed (Første

Johannesbrev 4:11-12).

Når vi elsker nogen, får vi ikke øje på deres fejl. Og hvis den, vi elsker, har svagheder, vil vi føle sympati for ham, opmuntre ham med håbefuldt hjerte og give ham kraften til at forandre sig. Da vi stadig var syndere, gav Gud os denne form for kærlighed, sådan at vi kunne blive frelst og komme i himlen.

Så vi skal ikke alene adlyde hans bud om ikke at slå ihjel; vi skal også elske alle mennesker – selv vores fjender – med Kristi kærlighed og få Guds velsignelser til enhver tid. Og til sidst vil vi komme til det smukkeste sted i himlen og dvæle i Guds kærlighed til evig tid.

Kapitel 8

Det syvende bud

"Du må ikke bryde et ægteskab"

Anden Mosebog 20:14

"Du må ikke bryde et ægteskab."

Bjerget Vesuv, som ligger i det sydlige Italien, var tidligere en aktiv vulkan, der udsendte røg en gang imellem. Men folk syntes, at det udgjorde en smuk baggrundsscene for Pompeji.

Den 24. august i år 79 efter Kristi begyndte jorden ved middagstid at ryste med stadig større styrke, og Vesuv brød ud med en stor paddehattesky, som dækkede himlen over Pompeji. Bjergets top åbnede sig med en stor eksplosion, og sten og aske begyndte at regne ned over jorden.

På få minutter døde utallige mennesker, mens de overlevende løb mod havet for at redde livet. Men så skete det værste, der overhovedet kunne ske. Vinden vendte pludselig og blæste mod havet.

Endnu engang omsluttede hede og giftig gas de indbyggere i Pompeji, som ellers havde overlevet udbruddet ved at flygte mod havet, og det kvalte dem alle.

Pompeji var en by, der svælgede i lyst og afguder. Dens sidste dage minder os om Sodoma og Gomorra fra Bibelen, som blev straffet med Guds ild. Disse byers skæbne er en klar påmindelse om, hvor meget Gud afskyr lystfyldte hjerter og afgudsdyrkelse. Dette fremgår tydeligt af de ti bud.

"Du må ikke bryde et ægteskab"

Ægteskabsbrud betyder, at der er seksuelt samspil mellem en

mand og en kvinde, som ikke er hinandens ægtefæller. For længe siden blev dette anset for en ekstremt umoralsk handling. Men hvordan er det i dag? På grund af den teknologiske udvikling med computere og internet har voksne og endda børn let adgang til dette lystfulde materiale lige ved fingerspidserne.

Etikken omkring sex er i nutidens samfund blevet så udvandet, at sensuelle og obskøne billeder vises i fjernsynet, på film, og endda i tegnefilm for børn. Det er en hurtigt voksende modetrend at udstille kroppen. Resultatet er, at forkerte opfattelser af sex udbredes hurtigt.

For at finde sandheden om emnet vil vi nu studere betydningen af det syvende bud: "Du må ikke bryde et ægteskab" i tre dele.

Ægteskabsbrud i handling

Nu om stunder er folks fornemmelse for moralske værdier ringere end nogen sinde før. Det gælder i den grad, at film og TV ofte portrætterer ægteskabsbrud som en smuk form for kærlighed. Og i disse dage giver ugifte mænd og kvinder let deres kroppe til hinanden og har seksuelt samkvem forud for ægteskabet, idet de tænker: "Det er OK, for vi vil jo blive gift senere." Selv gifte mænd og kvinder fortæller åbent, at de har forhold med andre, som ikke er deres ægtefæller. Og for at gøre sagen endnu værre, bliver folk yngre og yngre, når de har deres første seksuelle forhold.

Når man ser på de love, som eksisterede, da Moses fik de ti bud, vil de fremgå, at folk, som begik ægteskabsbrud, blev straffet hårdt. Selv om Gud er kærlighed, så er ægteskabsbrud en helt uacceptabel synd, og han gør det derfor klart og tydeligt, at det er forbudt.

I Tredje Mosebog 20:10 står der: *"Hvis en mand begår ægteskabsbrud med en anden mands hustru, skal han lide døden, både manden og kvinden, som bryder ægteskabet."* Og på nytestamentlig tid bliver ægteskabsbrud anset for en synd, som ødelægger kroppen og sjælen, og afholder den, som bryder ægteskabet, fra at blive frelst.

> *"Ved I ikke, at uretfærdige ikke skal arve Guds rige? Far ikke vild! Hverken utugtige eller afgudsdyrkere eller ægteskabsbrydere eller mænd, der ligger i med mænd, eller tyve eller griske mennesker, ingen drukkenbolte, ingen spottere, ingen røvere skal arve Guds rige"* (Første Korintherbrev 6:9-10).

Hvis en ny troende begår en synd af uvidenhed om sandheden, så kan han få Guds nåde og muligheden for at angre sine synder. Men hvis et menneske, som antageligt er spirituelt modent, og er bevidst om Guds sandhed, fortsætter med at begå den samme synd, så vil det være vanskeligt for ham at få angerens ånd.

Tredje Mosebog 20:13-16 taler om de synder at have seksuel omgang med et dyr og at have homoseksuelle relationer. Nu om stunder er der lande, som rent legalt accepterer homoseksuelle forhold. Ikke desto mindre er det afskyeligt for Gud. Til tider siger folk: "Tiderne skifter", men uanset hvor meget, tiderne skifter, og hvor meget verden forandrer sig, så vil Guds ord, som er sandheden, aldrig ændres. Så hvis et menneske er Guds barn, må han ikke besudle sig selv ved at følge verdens tendenser.

Ægteskabsbrud i sindet

Når Gud taler om ægteskabsbrud, så henviser han ikke kun til selve handlingen. Hvis ægteskabsbruddet begås som en fysisk handling, er der tale om et klart tilfælde, men det at nyde at forestille sig eller iagttage umoralske handlinger falder også ind under kategorien af ægteskabsbrud.

Lystfulde tanker kan forårsage et lystfyldt hjerter, og dermed vil der blive begået ægteskabsbrud i hjertet. Selv om man måske ikke har gjort noget galt med fysiske handlinger, så er der også tale om en synd, hvis for eksempel en mand begår ægteskabsbrud med en kvinde i hjertet. Gud, som ransager vores hjerter, vil anse det for en synd på linje med fysisk ægteskabsbrud.

Der står i Matthæusevangeliet 5:27-28: *"I har hørt, at der er sagt: "Du må ikke bryde at ægteskab."* Men jeg siger jer: Enhver, som kaster et lystent blik på en andens hustru, har allerede begået ægteskabsbrud med hende i sit hjerte." Når en syndefuld tanke kommer ind i et menneskes sind, bevæger den vedkommendes hjerte og viser sig derefter som handlinger. Hvis hadet kommer ind i et menneskes hjerte, vil han eller hun begynde at gøre ting, som skader andre. Hvis vreden bygger sig op i et menneskes hjerte, vil han eller hun blive arrig og begynde at forbande.

På samme måde er det sådan, at når et menneske har lystfyldte ønsker i sit hjerte, kan det let komme til udtryk i fysisk ægteskabsbrud. Selv om det ikke fremgår tydeligt, så vil et menneske allerede have begået ægteskabsbrud, hvis det har ægteskabsbrud i hjertet, for syndens rod er den samme.

Under mit første år på præsteseminariet blev jeg en dag chokeret over at høre samtale mellem en gruppe pastorer. Indtil det øjeblik havde jeg elsket og respekteret alle pastorer, og jeg havde behandlet dem, ligesom jeg ville behandle Herren. Men efter en meget ophedet diskussion kom de til den konklusion, at "så længe der ikke var tale om en overlagt handling, var det ikke nogen synd at begå ægteskabsbrud i hjertet."

Da Gud gav os buddet: "Du må ikke bryde et ægteskab", gjorde han det så ikke, fordi han vidste, at vi ville være i stand til at adlyde det? Jesus sagde: "Jeg siger jer: Enhver, som kaster et lystent blik på en andens hustru, har allerede begået ægteskabsbrud med hende i sit hjerte." Det betyder, at vi simpelt hen må skille os af med vores lystfyldte begær. Der er ikke andet at sige. Det vil måske være vanskeligt med vores egen menneskelige styrke, men gennem bøn og faste kan vi få styrke fra Gud, sådan at vi med lethed kan skille os af med lysten i vores hjerter.

Jesus bar en tornekrone og udgød sit blod for at vaske de synder væk, som vi begår med vores tanker og vores sind. Gud sendte os Helligånden, sådan at vi også kan skille os af med hjertets syndefulde natur. Så hvad skal vi helt specifikt gøre for at skille os af med lysten i vores hjerter?

Faserne i at skille sig af med lysten i hjertet

Lad os forestille os, at en smuk kvinde eller en flot mand går forbi os, og vi tænker: "Hun er godt nok køn" eller "Han er flot", "Jeg kunne godt tænke mig at gå i byen med hende" eller "Jeg ville gerne på date med ham." Der er ikke mange mennesker, som vil anse disse tanker for at være lystfyldte eller bryde ægteskab. Men hvis nogen siger disse ord og virkelig mener dem, så er det et tegn på lyst. For at skille os af med selv disse antydninger af lyst må vi gennemgå en proces, hvor vi flittigt kæmper mod synden.

Normalt er det sådan, at jo mere man forsøger ikke at tænke på noget, jo mere dukker det op i sindet. Når vi har set et billede af en mand og en kvinde, som begår umoralske gerninger i en film, så vil dette billede ikke forlade hovedet. I stedet vil vi se det for os igen og igen. Og alt efter i hvor høj grad, billedet har gjort indtryk på hjertet, vil det blive i hukommelsen kortere eller længere tid.

Så hvad kan vi gøre for at få disse lystfyldte tanker ud af vores sind? Før det første må vi gøre en indsats for at undgå spil, blade, og lignende, som har billeder, der kan friste os til at have lystfyldte tanker. Og når en lystfyldt tanke kommer ind i vores sind, må vi holde den borte fra vores tanker. Lad os forestille os, at en lystfyldt tanke dukker op i hovedet. I stedet for at lade den skride frem, må man forsøge at stoppe den med det samme.

Når vi forandrer vores tanker, sådan at de bliver gode, sande og behagelige for Gud, og konstant beder om hans hjælp, vil han helt sikkert give os styrken til at kæmpe mod disse former for fristelser. Så længe vi er villige og beder med lidenskab, vil Guds nåde og kraft komme over os. Og med Helligåndens hjælp vil vi blive i stand til at skille os af med de syndefulde tanker.

Men det er vigtigt at huske, at man ikke skal stoppe efter et eller to forsøg. Man må blive ved med at bede med tro til den bitre ende. Det kan tage en måned, et år, eller endda to til tre år. Men hvor lang tid det end tager, må vi altid stole på Gud og bede uden ophør. Så vil Gud give os styrken til en dag at overvinde lysten i hjertet og skille os af med den en gang for alle.

Når først man har passeret den fase, hvor man kan "stoppe de forkerte tanker", vil man komme ind i en fase, hvor man skal "kontrollere hjertet." I denne fase kan man beslutte med hjertet, at man ikke skal tænke på et lystfyldt billede, selv om man måske har set det, og så vil tanken ikke komme ind i sindet igen. Ægteskabsbrud i hjertet kommer af en kombination af tanker og følelser, og hvis man kan kontrollere tankerne, vil den synd, som kommer gennem disse tanker, ikke have nogen mulighed for at komme ind i hjertet.

Næste fase er den, hvor de "upassende tanker ikke dukker op." Selv om man ser et lystfyldt billede, vil sindet ikke lade sig påvirke af det, så lysten kan ikke komme ind i hjertet. Og i den sidste fase kan man "ikke have upassende tanker, ikke engang overlagt."

Når først man når til denne fase, så får man simpelthen ikke lystfulde tanker, selv om man forsøger på det. Da man har trukket synden op med rod, får man ikke længere hverken tanker eller følelser omkring det, selv om man ser et lystfremkaldende billede. Det betyder, at usande – eller ugode – billeder ikke længere kan trænge ind i sindet.

Mens man gennemgår de forskellige faser af at skille sig af med denne synd, kan der naturligvis komme tidspunkter, hvor man tror, man har skilt sig af med synden, men hvor den alligevel sniger sig tilbage i tankerne på en eller anden måde.

Men hvis man tror på Guds ord, og ønsker at adlyde hans bud og skille sig af med sine synder, så vil man ikke komme til at stå stille i sin vandring i troen. Det er ligesom et skrælle et løg. Når man har skrællet et eller to lag af, kan det se ud som om, der er uendelig mange, men når man fjerner bare et par lag til, ser man, at man næsten er færdig.

De troende, som ser på sig selv med troens øjne, vil ikke lade sig skuffe og tænke: "Jeg har virkelig forsøgt, men jeg er stadig ikke i stand til at skille mig af med den syndefulde natur." De vil derimod tro på, at de kan forandre sig i den udstrækning, de forsøger at skille sig af med deres synder. Og med denne indstilling vil de tilstræbe det endnu mere. Så hvis man indser, at man stadig har en syndefuld natur, bør man være taknemmelig for denne indsigt, for den vil gøre det muligt at skille sig af med synden.

Hvis en lystfuld tanke kommer ind i sindet i et øjeblik, mens man gennemgår de forskellige faser i at skille sig af med lysten i sit liv, så skal man ikke lade sig fortvivle. Gud vil ikke anse det for ægteskabsbrud. Hvis man dvæler ved tanken og lader den udvikle sig, så vil den blive en stor synd, men hvis man straks angrer og fortsætter sine anstrengelser for at blive hellig, vil Gud vise sin nåde og give sin kraft, sådan at man kan overvinde synden.

Åndelige ægteskabsbrud

Ægteskabsbrud, som begås med kroppen, tolkes som kødeligt ægteskabsbrud, men der findes en synd, som er mere alvorlig, og det er det åndelige ægteskabsbrud. "Åndeligt ægteskabsbrud" er, at et menneske hævder at være troende, men alligevel elsker verden mere, end han elsker Gud. Hvis man tænker over det, vil man forstå, at den væsentligste årsag til fysisk ægteskabsbrud er, at folk er mere interesserede i kødelige glæder end i kærligheden til Gud.

I Kolossenserbrevet 3:5-6 står der: *"Så lad da det jordiske i jer dø: utugt, urenhed, lidenskaber og onde lyster, og griskhed, for det er afgudsdyrkelse. Det nedkalder Guds vrede over ulydige børn."* Det betyder, at selv om vi får Helligånden, oplever Guds mirakler og har tro, så har vi tendens til at elske verdens ting mere end Gud, hvis ikke vi skiller os af med grådigheden og de upassende lyster i vores hjerte.

Vi lærte under udlægningen af det andet bud, at den spirituelle betydning af afgudsdyrkelse er at elske noget andet mere end Gud. Så hvad er forskellen på spirituel afgudsdyrkelse og åndelig utroskab?

Afgudsdyrkelse er, at folk, som ikke kender Gud, skaber en slags billede og tilbeder det. Den spirituelle fortolkning af afgudsdyrkelse er, at en troende med svag tro elsker verdslige ting mere end Gud.

Nogle nye troende har stadig svag tro, og det er muligt, at de elsker verden mere end Gud. De kan have spørgsmål såsom: "Eksisterer Gud virkelig?" eller "Findes himlen og helvede virkelig?" Da de stadig tvivler, er det svært for dem at leve i overensstemmelse med ordet. De kan stadig have større kærlighed til penge, berømmelse eller deres familie end til Gud, og dermed begår de spirituel afgudsdyrkelse.

Men efterhånden som de lytter til ordet adskillige gange, og de beder og oplever at få Guds svar på deres bønner, begynder de at indse, at Bibelen virkelig er sand. Og så kan de tro, at himlen og helvede findes. Derefter vil de begynde at indse, hvorfor de først og fremmest må elske Gud. Hvis deres tro vokser på denne måde, men de fortsætter med at elske og efterstræbe verdslige ting, så begår de åndelig utroskab.

Lad os for eksempel forestille os en mand, som får en simpel tanke: "Jeg kunne godt tænke mig at gifte mig med den kvinde." Kvinden er imidlertid gift med en anden mand. I dette tilfælde kan vi ikke sige, at kvinden begår utroskab. Manden, som får tanken, har et godt øje til kvinden, men kvinden har ikke noget forhold til denne mand, så vi kan ikke sige, at hun har begået utroskab. For at udtrykke det mere præcist er kvinden blevet et gudebillede i mandens hjerte.

Hvis der omvendt sker det, at manden og kvinden begynder at ses, bliver forelskede i hinanden og gifter sig, så vil kvinden have et amoralsk forhold til manden, og dette vil blive anset for ægteskabsbrud. Så vi kan se, at den spirituelle afgudsdyrkelse og det åndelige ægteskabsbrud ligner hinanden rent overfladisk, men der er tale om to meget forskellige ting.

Forholdet mellem israelitterne og Gud

Bibelen sammenligner forholdet mellem israelitterne og Gud med forholdet mellem en far og hans børn. Men forholdet kan også sammenlignes med et ægteskab. Der er nemlig tale om et forhold, der drejer sig om to parter, som har en kærlighedspagt. Men hvis man ser på Israels historie, er der mange gange, hvor Israels folk glemmer denne pagt og tilbeder fremmede guder.

Ikke-jøderne tilbad afguder, fordi de ikke kendte Gud, men israelitterne tilbad de fremmede gudebilleder på grund af selviske lyster, selv om de havde kendt Gud lige fra starten.

Det er derfor, der står i Første Krønikebog 5:25: *"Men de var troløse mod deres fædres Gud og horede med de guder, der blev dyrket af landets folk, som Gud havde udryddet foran dem."* Det betyder, at israelitterne afgudsdyrkelse rent faktisk var åndeligt ægteskabsbrud.

I Jeremias' Bog 3:8 står der: *"Og hun så, at jeg sendte det utro Israel bort og gav hende skilsmissebrev på grund af alle de gange, hun havde brudt ægteskabet. Men den troløse søster Juda blev ikke bange; hun gik selv hen og horede."* Som resultat af Solomons synd blev Israel delt i to: Israel i nord og Juda i syd. Det skete under Solomons søn, Rehabeam. Israel i nord begik åndelig utroskab ved at tilbede afguder, og derfor blev de ødelagt af Guds vrede. Men Juda i syd angrede ikke efter at have set, hvad der var sket med Israel i nord. Nej, folket fortsatte deres afgudsdyrkelse.

Alle Guds børn, som lever nu i nytestamentlig tid, er Jesu Kristi brude. Det er derfor, apostelen Paulus fortæller, at han har arbejdet hårdt for at forberede de troende som rene brude for Kristus, som er deres ægtemand, inden mødet med Herren (Andet Korintherbrev 11:2).

Så hvis en troende kalder Herren for "min brudgom", mens vedkommende fortsætter med at elske verden og leve langt fra sandheden, så begår han eller hun åndelig ægteskabsbrud (Jakobsbrevet 4:4). Hvis en mand eller en kvinde bedrager sin ægtefælle og begår fysisk ægteskabsbrud, så er det en frygtelig synd, som er vanskelig at tilgive. Men hvis nogen bedrager Gud og Herren, og begår åndelig ægteskabsbrud, er det en langt mere frygtelig synd.

I Jeremias' Bog kapitel 11 ser vi, at Gud fortæller Jeremias, at han ikke må bede for Israel, for israelitterne har nægtet at holde op med deres åndelige ægteskabsbrud. Han siger endda, at selv om israelitterne kalder på ham, vil han ikke lytte til dem.

Så hvis graden af det åndelige ægteskabsbrud når et bestemt punkt, vil den person, som begår det, ikke længere være i stand til at høre Helligåndens stemme. Uanset hvor meget, han beder, vil han bønner ikke blive besvaret. Når man kommer væk fra Gud, bliver man mere verdslig, og man ender med at begå alvorlige synder, som fører til døden – synder såsom fysisk ægteskabsbrud.

Som der står i Hebræerbrevet kapitel 6 og 10 er det ligesom at korsfæste Jesus Kristus igen og igen, og dermed gå direkte mod døden.

Så lad os skille os af med alle de synder, som består i ægteskabsbrud i ånd, sind eller krop, og lad os kvalificere os til at blive Herrens brude med en hellig opførsel – pletfri og lydefri – ved at leve et velsignet liv, som bringer Faderens hjerte glæde.

Kapitel 9

Det ottende bud

”Du må ikke stjæle”

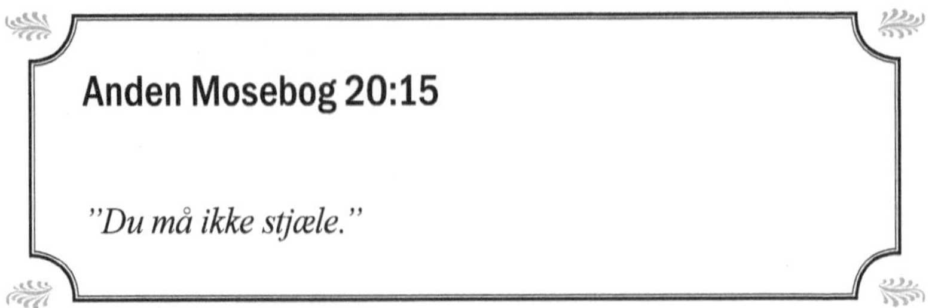

Anden Mosebog 20:15

"Du må ikke stjæle."

Lydighed overfor de to bud har direkte indflydelse på vores frelse og vores evne til at overvinde, erobre og herske over kraften fra den fjendtlige djævel og Satan. For israelitterne var det deres lydighed eller ulydighed overfor de ti bud der afgjorde, om de var en del af Guds udvalgte folk.

Det samme gælder for os, som er blevet Guds børn: Det er vores lydighed eller ulydighed overfor Guds ord, som afgør, om vi bliver frelst eller ej. Det skyldes, at vores lydighed overfor Guds bud skaber en standart for vores tro. Lydighed overfor de ti bud er forbundet med vores frelse, og disse bud er også vores vej til Guds kærlighed og velsignelser

"Du må ikke stjæle."

Der findes et gammelt koreansk ordsprog, som siger, at den, der stjæler en nål, også en dag vil stjæle en ko. Det betyder, at hvis et menneske begår en lille forbrydelse, men ikke bliver straffet for den, så vil han fortsætte med at begå de samme negative handlinger, og snart vil han begynde at begå mere alvorlige forbrydelse med store konsekvenser. Derfor advarer Guds os: "Du må ikke stjæle."

Der findes en fortælling om en mand ved navn Fu Pu-ch'i. Han havde titlen "Tsze-tsien" eller "Tzu-chien" og var en af Konfutses disciple. Han var kommandant i Tan-fu i staten Lu under Kinas forårs-og efterårsperiode og i de stridende staters tid. Der kom rygter om, at soldaterne i nabostaten Qi var ved at gå til angreb, og Fu Pu-ch'i beordrede at alle porte i kongerigets mure skulle lukkes.

Dette skete i høsttiden, og afgrøderne på markerne var klar til at blive høstet. Folket spurgte: "Kan vi høste afgrøderne på markerne, inden vi lukker alle portene, for at forhindre fjendens ankomst?" men Fu Pu-ch'i lyttede ikke til folket, og han lod portene lukke. Da folket begyndte at vise modstand mod Fu Pu-ch'i og påstå, at han var i ledtog med fjenderne, blev han kaldt ind til kongen, så sagen kunne undersøges. Da kongen udspurgte ham om hans handlinger, svarede Fu Pu-ch'i: "Ja, det ville være et stort tab for os, hvis vores fjender kom og tog alle vores afgrøder, men hvis vores folk i hast samler afgrøder ind på marker, som måske ikke tilhører dem, så vil det blive en vane, som vil være vanskelig at bryde selv efter ti år." Med denne udtalelse opnåede Fu Pu-ch'i kongens store beundring og respekt.

Fu Pu-ch'i kunne have ladet folket høste afgrøderne, sådan som de havde bedt om, men hvis de først lærte at retfærdiggøre det at stjæle fra en andens mark, ville det få varende konsekvenser, som ville være nedbrydende for folket og kongeriget i det lange løb. Så det at "stjæle" er at behandle noget på en forkert måde eller med en forkert motivation, eller at tage noget, som ikke tilhører en selv, eller snigende at overtage en andens ejendom.

Men den form for tyveri, som Gud taler om, har også en

dybere og bredere spirituel fortolkning. Så lad os se nærmere på, hvilke betydninger det ottende bud indeholder.

At tage noget, som tilhører andre: Den fysiske definition på at stjæle

Bibelen forbyder klart og tydeligt at stjæle, og den fremfører specifikke regler om, hvad man skal gøre, når nogen stjæler (Anden Mosebog 22).

Hvis et stjålet dyr findes levende hos tyven, må han tilbagebetale den rette ejer to gange så meget, som han har stjålet. Hvis en mand stjæler et dyr og slagter det eller sælger det, så må han tilbagebetale ejeren fem gange så meget for en okse og fire gange så meget for et får. Ligegyldigt hvor lille en ting, der er tale om, vil det at tage andres ejendom altid være at stjæle, uanset om samfundet anser det for at være en forbrydelse og om der er specifikke straffe for det.

Ud over de åbenlyse tilfælde, hvor der stjæles direkte, så kan der være tilfælde, hvor folk stjæler, fordi de er distrete. I vores dagligdag kan vi måske have for vane at bruge andres folks ting uden at spørge og uden at tænke nærmere over det. Vi føler måske ikke engang nogen form for skyld over at bruge dem, enten fordi de tilhøre et menneske, som er tæt på os, eller fordi den genstand, vi bruger, ikke er særlig værdifuld.

Det samme er tilfældet, når vi bruger vores ægtefælles ting uden tilladelse. Og hvis det virkelig er uundgåeligt, og vi har været nødt til at bruge andres ting uden tilladelse, så bør vi levere tingen tilbage, så snart vi er færdige med at bruge den. Men mange mennesker gør ikke noget for at levere tingene tilbage.

Dette medfører ikke kun et tab for det andet menneske; der er også tale om en handling, som viser manglende respekt overfor den anden. Selv om det måske ikke bliver anset for en alvorlig forbrydelse efter samfundets regler, så vil Gud opfatte det som tyveri.

Selv om vi ikke overlagt tager andres ting og stjæler, så kan vi komme til at erhverve os andres ejendele på en upassende måde. Man kan f.eks. bruge sin position eller sin magt til at få bestikkelse. Det ville også falde ind i denne kategori. I Anden Mosebog 23:8 advares vi: *"Du må ikke tage imod bestikkelse, for bestikkelse blinder de seende og forvansker de uskyldiges sag."*

Sælgere med gode hjerter kan føle sig skyldige, hvis de tager overpriser for deres varer, sådan at de tjener flere penge til sig selv. Selv om de ikke direkte har stjålet nogens ejendom, så vil denne handling stadig blive anset for tyveri, for de har taget mere end det, der med rette tilkommer dem.

Åndeligt tyveri: At tage noget, som tilhører Gud

Ud over den form for tyveri, hvor man tager noget fra en anden uden tilladelse, så er der også det åndelige tyveri, hvor man tager noget fra Gud uden tilladelse. Dette kan få indflydelse på frelsen.

Judas Iskariot var en af Jesu disciple, og han var ansvarlig for alle de offergaver, som folk gav, når de var blevet helbredt eller velsignet af Jesus. Men som tiden gik, kom grådigheden ind i hans hjerte, og han begyndte at stjæle (Johannesevangeliet 12:6).

I Johannesevangeliet kapitel 12 hvor Jesus besøger Simons hus i Betania, ser vi en scene, hvor en kvinde kommer og salver Jesus med vellugtende olie. Da Judas ser dette, irettesætter han hende og spørger, hvorfor olien ikke er blevet solgt, sådan at pengene kan gives til de fattige. Judas var ansvarlig for pengekassen, og hvis den dyre olie var blevet solgt, ville han have stukket nogle af pengene til side til sig selv. Men da olien nu blev hældt over Jesu fødder, syntes Judas, at den var gået til spilde.

Judas var blevet en slave af pengene, og til sidst solgte han Jesus for tredive sølvmønter. Selv om han havde mulighed for at opnå stor ære ved at være kaldet som Jesu discipel, så stjal han i stedet fra Gud og solgte sin lærer, så han samlede ligefrem til bunke af synder. Desværre kunne han ikke få angerens ånd, men han tog sit eget liv og afsluttede sin tilværelse på miserabel vis

(Apostlenes Gerninger 1:18).

Nu vil vi se nærmere på, hvad der sker, når man stjæler fra Gud.

Det første tilfælde er at stjæle fra kirkens pengekasse.

Selv om tyven ikke er troende, så må han alligevel føle en vis form for frygt, hvis han stjæler fra kirken. Men hvis en troende stikker hånden i Guds pengekasse, hvordan kan han så overhovedet sige, at han har håb om at blive frelst?

Selv om andre mennesker måske ikke finder ud af det, så ser Gud alt, og når tiden kommer, vil han give sin retfærdige dom, og tyven vil være nødt til at tage straffen for sin synd. Hvis denne tyv ikke er i stand til at angre sine synder, og dermed dør uden at blive frelst, vil han være i en frygtelig situation! Og til den tid vil det være for sent at angre sine handlinger og rive sig i håret. Han burde have undladt at røre Guds penge lige fra starten.

Andet tilfælde er at misbruge kirkens ejendele eller dens penge.

Hvis et menneske bruger indtængerne fra medlemsskaberne, bidragene til missionsgrupperne eller andre donationer til personlig brug, vil det være det samme som at stjæle fra Gud, selv om han måske ikke direkte har stjålet. Der er også tale om tyveri, hvis man køber kontormateriale og lignende for kirkens penge og derefter selv bruger det til private formål.

Hvis man ødsler med kirkens materialer; tager penge fra kirken til at købe materialer, og derefter bruger byttepengene til andre formål i stedet for at levere dem tilbage; eller hvis man bruger kirkens telefon, elektricitet, udstyr, møbler eller andre materialer til personlige formål, så er der også tale om misbrug af kirkens penge.

Vi må også sikre os, at børnene ikke ødelægger kuverterne til donationer, kirkens nyhedsbrev eller andet informationsmateriale bare for sjov. Nogle vil måske synes, at der er tale om små og ubetydelige overtrædelser, men på et spirituelt niveau er der tale om at stjæle fra Gud, og disse handlinger kan blive til mure af synd, som skiller os fra Gud.

Det tredje tilfælde er at stjæle tiende og donationer.

I Malakias' Bog 3:8-9 står der: *"Kan et menneske bedrage Gud, siden I vil bedrage mig? I spørger: "Hvordan bedrager vi dig?" Med tiende og afgifter. Forbandet skal I være, når I bedrager mig, det gælder hele folket."*

At give tiende er at give Gud en tiendedel af vores indtægter, som bevis på at vi forstår, at han er Hersker over alle materielle ting, og at han vogter over hver og en af os. Det er derfor, vi stjæler fra Gud, hvis vi siger, at vi tror på ham, men alligevel ikke betaler tiende, og så kan en forbandelse snige sig ind i vores liv. Det betyder ikke, at Gud vil forbande os. Det betyder, at når Satan anklager os for vores fejl, så kan Gud ikke beskytte os, fordi vi rent faktisk bryder hans spirituelle lov. Derfor kan vi opleve økonomiske problemer, fristelser, pludselige ulykker eller sygdom.

Men som der står i Malakias' Bog 3:10: *"Bring hele jeres tiende til forrådskammeret, så der kan være føde i mit hus. Sæt mig på en prøve, om ikke jeg åbner himlens vinduer for jer og udøser velsignelser uden mål over jer."* Når vi giver tiende, kan vi få den velsignelse, som Gud lover os, og hans beskyttelse.

Der er også mennesker, som ikke får Guds beskyttelse, fordi de ikke giver fuldt tiende. Folk tager ikke alle indtægtskilder med i deres beregninger, eller de beregner deres tiende med udgangspunkt i deres nettoindkomst, dvs. efter at de har betalt alle bidrag og skatter, i stedet for at se på deres bruttoindkomst.

Men fuldt tiende vil sige at betale tiende af den totale indkomst. Der er tale om indkomst fra bierhverv, pengegaver, middagsinvitationer eller forretningsgaver, som alle giver personlig vinding, så vi bør også beregne værdien af alle disse ting og betale fuldt tiende af dem.

I nogle tilfælde beregner folk deres tiende, men giver det til Gud som en anden form for donation, for eksempel til missionsarbejdet eller til det velgørende arbejde. Men dette anses også for at være at stjæle fra Gud, for så gives der ikke tiende på en ordentlig måde. Det er op til kirken at afgøre, hvordan kirkens midler skal bruges, men vi må hver især give vores tiende under den rette titel.

Vi kan også give andre donationer som taksigelsesgaver. Guds børn har meget at være taknemmelige for. Med frelsens gave kan vi komme i himlen, og når vi udføre arbejde i kirken, kan vi indsamle belønninger i himlen, mens vi lever her på jorden. Vi får til enhver tid Guds beskyttelse og velsignelse, så der er meget at være taknemmelig for!

Når vi kommer i kirke om søndagen, må vi derfor medbringe forskellige taksigelsesgaver for at vise vores taknemmelighed for Guds beskyttelse. Og ved kirkelige fester og specielle lejligheder har vi god grund til at takke Gud, så da må vi medbringe helt særlige gaver og donationer.

I forhold til andre mennesker skal vi ikke nøjes med at føle os taknemmelige, hvis nogen hjælper os eller tjener os på en særlig måde. Nej, vi skal give dem noget til gengæld. På samme måde er det helt naturligt, at vi har lyst til at donere noget til Gud for at vise vores værdsættelse af, at han har givet os frelsen og muligheden for at komme i himlen (Matthæusevangeliet 6:21).

Hvis et menneske påstår, at han har tro, men alligevel er nærig overfor Gud, så betyder det, at han stadig har grådighed overfor materielle ting. Det viser, at han elsker de materielle ting mere end Gud. Derfor står der i Matthæusevangeliet 6:24: *"Ingen kan tjene to herrer. Han vil enten hade den ene og elske den anden eller holde sig til den ene og ringeagte den anden. I kan ikke tjene både Gud og mammon."*

Hvis vi er modne kristne, men alligevel elsker materielle ejendele mere end Gud, så er det lettere for os at have tilbagegang i troen end at have fremgang. Den nåde, vi engang har modtaget, bliver et svagt minde, grundene til taknemmelighed forsvinder, og før vi ved det, er vores tro svundet ind i sådan grad, at vores frelse er i fare.

Gud glæder sig over en donation, som gives med sand taknemmelighed og tro. Folk har forskellige mål af tro, men Gud kender hver enkelts situation, og han ser vores indre hjerte. Så det, der betyder noget for ham, er ikke gavens størrelse eller donationens beløb. Husk, at Jesus roste den enke, som gav to kobbermønter, fordi det var det eneste, hun havde at leve af (Lukasevangeliet 21:2-4).

Når vi behager Gud på denne måde, vil han velsigne os med så mange grunde til at være taknemmelige, at de donationer, vi giver, er uden sammenligning med de mange velsignelser, vi får af ham. Gud sikrer sig, at vores sjæl trives, og han velsigner os, sådan at vi kan leve i overflod og have endnu større grund til taknemmelighed. Han giver os tredive-, tres-og hundredfold igen for de donationer, vi bringer ham.

Da jeg tog imod Kristus, begyndte jeg straks at give tiende og donationer, da jeg lærte, at det er vores pligt. Jeg havde fået stor gæld i løbet af de syv år, hvor jeg havde været plaget af sygdom, men jeg var så taknemmelig for, at Gud havde helbredt mig, at jeg altid gav så meget, som jeg kunne til Gud. Selv om både min kone og jeg arbejdede, så havde vi knap nok penge til at betale renterne af vores gæld. Ikke desto mindre kom vi aldrig tomhændede til gudstjeneste.

Vi troede på den almægtige Gud og adlød hans ord, og han hjalp os med at tilbagebetale vores overvældende gæld på bare nogle få måneder. Og med tiden oplevede vi, at Gud udøste uendelige velsignelser over os, sådan at vi kunne leve i overflod.

Det fjerde tilfælde er at stjæle Guds ord.

At stjæle Guds ord er at foretage falske profetier i Guds navn (Jeremias' bog 23:30-32). For eksempel er der folk, som stjæler hans ord ved dat sige, at de har hørt Guds stemme, og de taler om fremtiden, som om de kunne spå. Eller hvis en anden har problemer med sin forretning, siger de til ham, at Gud får hans forretning til at gå dårligt, fordi det er meningen, at han skal blive pastor i stedet for forretningsdrivende.

Det anses også for at være tyveri af Guds ord, når nogen har en drøm eller en vision, som stammer fra hans egne tanker, men alligevel siger: "Gud har givet mig denne drøm" eller "Gud har givet mig denne vision." Alt dette falder under kategorien af misbrug af Guds navn.

Det er naturligvis godt at forstå Guds vilje gennem Helligåndens gerning og at forkynde den, men hvis vi skal gøre det på den rette måde, må vi først undersøge, om vi er acceptable i Guds øjne. For Gud taler ikke til hvem som helst. Han taler kun til de mennesker, som er uden ondskab i deres hjerter. Vi må derfor sikre os, at vi ikke på selv den ringeste måde stjæler Guds ord, når vi er sunket ned i vores egne tanker.

Der ud over er det et tegn på, at vi må ransage os selv, hvis vi føler samvittighedens sting, skam eller flovhed, når vi tager noget eller gør noget. Når vi føler samvittigheden, skyldes det måske, at vi tager noget af egoistiske grunde, selv om det ikke tilhører os, og så vil Helligånden i os klage og sørge.

Selv om vi ikke stjæler et fysisk objekt, så bør vi mærke samvittighedens sting, hvis vi har et godt hjerte, når vi for eksempel får løn for et arbejde, vi har udført med dovenskab, eller hvis vi undlader at leve op til vores ansvar, når vi tildeles opgaver i kirken.

Hvis et menneske, som er hengivent overfor Gud, misbruger den tid, som er beregnet til Gud, eller forårsager, at den tid, der burde bruges til Guds rige, går til spilde, så stjæler han tid. Vi må sørge for at være punktlige, sådan at vi ikke bliver skyld i, at andre spilder deres tid, ikke alene overfor Gud, men også på arbejdet og i uformelle sammenhænge.

Vi bør derfor altid ransage os selv for at sikre os, at vi ikke på nogen måde begår den synd at stjæle, og vi må skille os af med selviskhed og grådighed i vores sind og hjerter. Og med ren samvittighed må vi stræbe mod at opnå et sandt og oprigtigt hjerte overfor Gud.

Kapitel 10

Det niende bud

"Du må ikke vidne falsk mod din næste"

Anden Mosebog 20:16

"Du må ikke vidne falsk mod din næste."

Det var nat, og Jesus var lige blevet arresteret. Peter sad i gården til det hus, hvor Jesus blev afhørt, og en tjenestepige kom hen til ham og sagde: "Du var også sammen med galilæeren Jesus." Men Peter svarede med forbavselse: "Jeg forstå ikke, hvad du mener" (Matthæusevangeliet 26).

Peter fornægtede dog ikke for alvor Jesus af hjertets grund – han løj på grund af, at han pludselig blev bange. Efter denne hændelse gik han udenfor og græd bitterligt. Og da Jesus bar korset op på Golgata, fulgte Peter ham på lang afstand, fuld af skam og ude af stand til at løfte hovedet.

Selv om alt dette skete før Peter fik Helligånden, så vovede han ikke at blive korsfæstet på samme måde som Jesus, dvs. i opret stilling, da det kom så vidt. Selv efter at han havde fået Helligånden og viet hele sit liv til at forkynde budskabet, var han så flov over, at han havde fornægtet Jesus, at han frivilligt valgte at blive korsfæstet med hovedet nedad.

"Du må ikke vidne falsk mod din næste"

Når man ser på det, som folk siger i dagligdagen, er der nogle ting, som er meget vigtige, mens andre ting er ubetydelige. Nogle ord er meningsløse, og nogle er ligefrem onde og kan såre eller bedrage andre mennesker.

Løgne er onde ord, som afviger fra sandheden. Selv om folk

ikke indrømmer det, så lyver de ofte utallige gange om dagen – om små og store ting. Nogle mennesker siger med stolthed: "Jeg lyver aldrig", men før de ved det, har de sagt utallige løgne uden at være opmærksomme på det.

Snavs, smuds og uorden kan skjules af mørket. Men når et rum bliver oplyst af et klart lys, vil selv den mindste smule støv komme til syne. På samme måde er Gud, som er sandheden selv, ligesom et klart lys, og han ser, hvordan mange mennesker lyver hele tiden.

Det er derfor Gud i det niende bud fortæller os, at vi ikke må vidne falsk mod vores næste. Den næste kan være vores forældre, søskende, børn – alle andre end en selv. Lad os se nærmere på, hvordan Gud definere det at vidne falsk.

At vidne falsk er for det første at sige noget usandt om næsten.

Det er tydeligt, at det kan have frygtelige konsekvenser at vidne falsk, for eksempel i retsager. Her vil vidnesbyrdene have direkte indflydelse på den endelige dom, og bare den mindste afvigelse fra sandheden kan være til stor ulykke for et uskyldigt menneske. I værste tilfælde kan det blive et spørgsmål om liv eller død.

Gud beordrer dommerne at lytte til mange forskellige vidner for at undgå misbrug af enkelte vidnesbyrd eller fejlpraksis på grund af falske vidneudsagn. Det er vigtigt, at dommeren forstår alle aspekter af sagen, sådan at han kan foretage en vis og indsigtsfuld dom. Gud siger, at både den, som vidner, og den, som dømmer, må handle med klogskab og forsigtighed.

I Femte Mosebog 19:15 siger Gud: *"Det er ikke nok, at en enkelt optræder som vidne imod nogen, når det drejer sig om forbrydelser og overtrædelser, forsyndelser af enhver art. På to eller tre vidners udsagn må en sag afgøres."* Og han fortsætter med at sige følgende i vers 16-20: *"Når én optræder som falsk vidne mod nogen"*, da skal han havde den straf, som han forsøgte at give sin næste.

Ud over disse alvorlige tilfælde, hvor et menneske kan forårsage store tab for andre, så er der mange andre tilfælde, hvor folk fortæller små løgne om deres næste i dagligdags situationer. Eller selv om man måske ikke ligefrem lyver, så undlader man at tale i tilfælde, hvor man burde sige sandheden til forsvar for næsten, og dette kan også anses som falsk vidnesbyrd.

Hvis et andet menneske får skylden for de fejl, vi selv har begået, og vi undlader at tale af frygt for selv at få problemer, hvordan kan vi så have ren samvittighed? Gud befaler os ikke at lyve, men han befaler os også at have ærlige hjerter, sådan at vores ord og handlinger reflekterer integritet og sandhed.

Så hvad mener Gud om de små hvide løgne, som vi fortæller for at trøste nogen eller få nogen til at få det bedre?

For eksempel kan vi være på besøg hos en ven, og han spørger os, om vi har spist. Selv om vi endnu ikke har fået noget, vil vi ofte sige: "Ja, det har jeg" for ikke at give ham besvær. Men selv i dette tilfælde bør vi sige sandheden og svare: "Nej, jeg har ikke spist, men jeg har heller ikke lyst at spise lige nu."

Selv i Bibelen er der eksempler på små hvide løgne.

I Anden Mosebog kapitel 1 er der en scene, hvor den egyptiske konge begynder at blive nervøs, fordi israelitterne vokser i antal, og han giver derfor de hebræiske jordmødre en helt specifik ordre. Han siger: *"Når I forløser hebræerkvinderne, skal I holde øje med de to sten; er det en dreng, skal I dræbe ham, er det en pige, kan hun få lov at leve"* (vers 16).

Men jordmødrene frygtede Gud og undlod at gøre, som egypterkongen befalede dem. De lod drengebørnene leve. Så kaldte kongen jordmødrene til sig og spurgte: "Hvorfor gør I det? I lader jo drengene leve!" Men de svarede: "Hebræerkvinderne er ikke som de egyptiske kvinder. De er mere livskraftige, og de har født, inden jordmoderen når at komme."

Israels første konge, kong Saul, blev jaloux på David og forsøgte at dræbe ham, fordi han var mere elsket af folket end kongen selv. Men Jonathan, Sauls søn, narrede sin far for at redde Davids liv.

I disse tilfælde hvor folk lyver af hensyn til andre mennesker af ren og skær god vilje, og ikke på grund af selviske motiver, vil

Gud ikke automatisk straffe dem, fordi de har løjet. Ligesom med de hebræiske jordmødre vil han vise sin velvilje, fordi de har forsøgt at redde liv med gode intentioner. Men når folk når et niveau, hvor de er fuldkommen gode, vil de være i stand til at bevæge andre menneskers hjerter uden at være nødt til at fortælle hvide løgne.

At vidne falsk er også at ændre en besked, når man giver den videre.

Det kan ske, at man viderebringer en besked om nogen på en måde, som forvrænger sandheden. Måske fordi man selv har tilføjet tanker eller følelser, eller fordi man har udeladt noget. De fleste mennesker lytter på en subjektiv måde, når nogen fortæller dem noget, så den måde, de opfatter informationen på, afhænger i høj grad af deres egne følelser og tidligere oplevelser. Når en bestemt meddelelse viderebringes fra person til person, kan det oprindelige indhold let gå tabt.

Men selv om hvert enkelt ord og hvert enkelt pause blive viderebragt korrekt, så vil betydningen ændres alt efter budbringerens intonation og fremhævelse af bestemte ord. For eksempel er der stor forskel på, at en kærlig ven spørger: "Hvorfor?" og at en modstander med et ondskabsfuldt ansigtsudtryk skriger: "Hvorfor?"

Så når vi lytter til nogen, må vi forsøge at forstå, hvad det er, de siger, uden at hæfte nogen personlige følelser fast på budskabet. Det samme gælder, når vi viderebringer en besked til andre. Vi må forsøge at gentage det oprindelige budskab præcist men den betydning, som den oprindelige afsender ønsker, skal nå frem.

Men hvis indholdet i beskeden er usandt eller ikke nødvendigvis vil hjælpe modtageren, så vil det være bedre, at vi slet ikke viderebringer den. For selv om vi måske gør det med gode intentioner, så kan modtageren blive såret eller fornærmet. Og hvis det sker, vil vi måske være skyld i at der opstår strid mellem to personer.

I Matthæusevangeliet 12:36-37 står der: *"Men jeg siger jer: På dommens dag skal mennesker aflægge regnskab for ethvert tomt ord, de har talt. På dine ord skal du frikendes, og på dine ord skal du fordømmes."* Vi må derfor afstå fra at bruge ord, som ikke indeholder Herrens sandhed og kærlighed. Og dette gælder også for de ord, vi lytter til.

At vidne falsk er for det tredje at dømme eller kritisere andre uden virkelig at forstå deres hjerte.

Ofte foretager folk bedømmelser om andres hjerter eller intentioner bare ved at se deres udtryk eller handlinger. Det gør de på baggrund af deres egne tanker og følelser. De kan måske sige: "Det menneske siger præcis, hvad han tænker" eller "Han havde helt sikkert disse intentioner for den handling, han udførte."

Lad os antage, at en ung medarbejder er overdreven venlig overfor sin overordnede, fordi han er nervøs over sine nye omgivelser. Den overordnede vil måske tænke: "Den nye medarbejder virker til at være utilpas i mit selvskab. Måske er det fordi, jeg gav ham negativ kritik den anden dag." Men der er tale om en misforståelse, som den overordnede danner på baggrund af sine egne ideer. Et andet eksempel kunne være, at et menneske med dårligt syn, eller som er henfaldet i dybe tanker, går forbi en bekendt uden at lægge mærke til ham. Så kan den bekendte tænke: "Han opfører sig, som om han slet ikke kender mig! Gad vide, om han er vred på mig?"

Og et andet menneske ville måske reagere på en helt anden måde i præcis den samme situation. Vi har hver især vidt forskellige tanker og følelser, så vi reagerer forskelligt på de omstændigheder, der møder os. Selv om vi alle blev udsat for de samme vanskeligheder, så ville vi hver især have forskellige niveauer af styrke til at overvinde dem. Så når vi ser nogen, der oplever smerte, bør vi aldrig dømme ham ud fra vores egen standart for smertetolerance og tænke: "Hvorfor gør han dog så stort et nummer ud af det?" Det er ikke let at forstå andres hjerter – heller ikke selv om man virkelig elsker dem og har et nært forhold til dem.

Der er mange andre måder, hvorpå man kan fejlbedømme

eller misforstå andre, blive skuffede over dem og i sidste ende fordømme dem. Det skyldes alt sammen, at man dømmer dem ud fra ens egne standarter. Ofte baserer vi vores bedømmelser på egne standarter og tror, at andre har nogle specifikke intentioner, selv om det måske ikke er tilfældet. Så begynder vi at omtale dem negativt, og vidner dermed falsk mod dem. Og hvis vi deltager i denne form for handling ved at lytte til usandhed og bidrager til at andre bliver dømt og fordømt, så begår vi endnu engang den synd at bære falsk vidnesbyrd mod vores næste.

De fleste mennesker tror, at hvis de selv reagerer på en ond måde i en bestemt situation, så vil andre mennesker gøre det samme. Da de har bedrageriske hjerter, tror de, at andre også har det. Hvis de er ude for en bestemt hændelse og får onde tanker, tænker de: "Jeg er sikker på, at de andre også har onde tanker." Og da de selv ser ned på andre, tænker de: "Den anden ser sikkert ned på mig og tænker på at snyde mig."

Derfor står der i Jakobsbrevet 4:11: *"Bagtal ikke hinanden, brødre. Den, der bagtaler sin broder eller dømmer sin broder, bagtaler loven og dømmer den; men dømmer du loven, er du ikke lovens gører, men dens dommer."* Hvis nogen dømmer eller bagtaler en broder, så betyder det, at vedkommende er stolt, og at han i sidste ende ønsker at være ligesom Gud Dommeren.

Men det er vigtigt at vide, at hvis vi taler om andre menneskers svagheder og dømmer dem, så begår vi en meget ondskabsfuld synd. I Matthæusevangeliet 7:1-5 står der: *"Døm ikke, for at I ikke selv skal dømmes. For den dom, I dømmer med, skal I selv dømmes med, og det mål, I måler med, skal I selv få tilmålt med. Hvorfor ser du splinten i din broders øje, men lægger ikke mærke til bjælken i dit eget øje? Eller hvordan kan du sige til din broder: Lad mig tage splinten ud af dit øje! Og så er der en bjælke i dit eget øje? Hykler, tag først bjælken ud af dit eget øje; så kan du se klart nok til at tage splinten ud af din broders øje."*

Vi skal være meget forsigtige med at dømme Guds ord ud fra vores egne tanker. Det, som er umuligt for mennesket, er muligt for Gud, så når det kommer til Guds ord, bør vi aldrig sige: "Det er forkert."

At lyve ved at over-eller underdrive sandheden

Folk har tendens til at over-eller underdrive på daglig basis uden nogen form for onde intentioner. Hvis nogen f.eks. har spist en masse mad, kan vi måske sige: "Han spiste det hele." Og selv om der stadig er en smule mad tilbage, kan vi måske sige: "Der er ikke så meget som en krumme tilbage!" Andre gange ser vi måske, at tre-fire personer er enige om noget bestemt, og så siger vi: "Alle er enige om det."

Mange mennesker vil ikke anse disse eksempler for løgne, men det er det rent faktisk. I nogle tilfælde er det sådan, at vi taler om en situation, hvor vi ikke har alle informationerne, og resultatet er, at vi lyver.

Lad os for eksempel forestille os, at nogen spørger os, hvor mange medarbejdere, der er i et bestemt firma, og vi svarer: "Der er så og så mange." Senere finder vi ud af, at det faktiske antal er et andet. Selv om vi ikke har løjet med vilje, har vi alligevel sagt en løgn, fordi den afviger fra sandheden. I dette tilfælde skal vi fra starten vælge et andet svar og sige: "Jeg er ikke klar over, hvor mange medarbejdere, der er, men jeg tro, der er ca. så og så mange."

I disse tilfælde lyver vi naturligvis ikke med vilje. Vi har ikke nogen onde motiver og dømmer heller ikke andre med et ondt hjerte. Men hvis vi ser bare den mindste antydning af denne adfærd, vil det være en god ide at komme til bunds i problemet. Et menneske, hvis hjerte er fyldt med sandheden, vil hverken lægge til eller trække fra sandheden, uanset hvor ubetydelig en ting, der er tale om.

Et meget sandfærdigt og ærligt menneske kan opfatte sandheden som sandheden, og videregive den på samme måde. Så selv om der er tale om en lille ubetydelig ting, skal vi vide, at hvis vi taler bare den mindste grad af usandhed, så er det tegn på, at vores hjerter endnu ikke er helt fyldt med sandheden. Og hvis vores hjerte ikke er helt fyldt med sandheden, så betyder det, at når vi kommer ud for en livstruende situation, så vil vi være fuldt ud i stand til at skade andre mennesker ved at lyve om dem.

Som der står i Første Petersbrev 4:11: *"Den, der taler, skal tale med ord fra Gud."* Vi bør ikke forsøge at lyve eller lave vittigheder med usande ord. Uanset hvad vi siger, så bør vi altid tale sandt, som om vi talte med Guds hellige ord. Det kan vi gøre ved at bede indtrængende og få Helligåndens vejledning.

Kapitel 11

Det tiende bud

"Du må ikke begære din næstes hus"

Anden Mosebog 20:17

"Du må ikke begære din næstes hus. Du må ikke begære din næstes hustru, hans træl eller trælkvinde, hans okse eller æsel eller noget som helst af din næstes ejendom."

Læseren kender måske historien om gåsen, som lagde guldæg – en af Æsops berømte fabler? Der var engang en bonde, som levede i en lille landsby. Han fik en dag en mærkelig gås. Mens han tænkte over, hvad han skulle gøre med gåsen, skete der noget forbløffende.

Gåsen begyndte at lægge guldæg hver morgen. Og en dag tænkte bonden: "Der er sikkert en helt masse æg inden i gåsen." Pludselig blev han grebet af egoisme og ville straks have alle guldæggene, så han kunne blive rig med det samme, i stedet for at samle æggene sammen dag for dag.

Han grådighed var så stor, at han sprættede gåsen op og så, at der ikke var det mindste spor af guld inden i den. I samme øjeblik indså han, at han havde taget fejl, og han fortrød sin handling, men da var det for sent.

Menneskets grådighed har ingen grænser. Uanset hvor mange floder, der løber ud i havet, bliver havet ikke fyldt. Sådan er også menneskets grådighed. Uanset hvor meget, et menneske måtte have, så er det umuligt at tilfredsstille det. Vi ser det hver dag. Når nogens grådighed bliver stor, er han ikke kun utilfreds med det, han har, men han bliver også begærlig og forsøger at skaffe sig det, han ser hos andre, selv om han må bruge uærlige metoder. Og til sidst vil han komme til at begå en alvorlig synd.

"Du må ikke begære din næstes hus"

At "begære" er at ville have noget, som ikke tilhører en selv, og at forsøge at besidde andres ejendele på upassende måder. Det kan også være at have et hjerte, som har lyst til alle verdens kødelige ting.

De fleste forbrydelser bliver begået med et begærligt hjerte. Begærlighed kan få folk til at lyve, stjæle, røve, snyde, begå underslæb, myrde eller begå andre former for kriminalitet. Der er også tilfælde, hvor folk ikke alene begærer materielle ting, men også social anseelse og berømmelse.

Til tider kan forholdet mellem søskende, forældre og børn, eller endda mellem mand og kone blive fjendtlige på grund af begærlige hjerter. I nogle familier opstår fjendskaber i stedet for lykkelige liv i sandheden, og folk bliver jaloux og misundelige på dem, som har mere end de selv.

Det er derfor, Gud i det tiende bud advarer os mod begærlighed, som kan give liv til synden. Desuden vil Gud, at vi skal tænke på det, som er i himlen, og ikke på det jordiske (Kolossenserbrevet 3:2). Først når vi søger det evige liv og fylder vores hjerter med håb om himlen, kan vi opnå den sande tilfredsstillelse og lykke. Og så kan vi skille os af med vores begærlighed. I Lukasevangeliet 12:15 står der: *"Se jer for og vær på vagt over for al griskhed, for et menneskes liv afhænger ikke af, hvad det ejer, selv om det har overflod."* Som Jesus siger, er det først, når vi skiller os af med begærlighed, at vi kan undlade at synde, og dermed opnå det evige liv.

Den proces, hvor begæret kommer ud i form af synd

Så hvordan bliver begærlighed til syndefulde handlinger? Lad os forestille os, at vi besøger en person, som er ekstremt velhavende. Huset er lavet af marmor, og det er helt enormt. Det er også fyldt med alle slags luksuriøse ting. Vi vil måske sige: "Det er dog et vidunderligt hus. Det er virkelig smukt!"

Men mange mennesker stopper ikke efter denne kommentar. De fortsætter med at tænke: "Jeg ville ønske, at jeg havde sådan et hus. Jeg ville ønske, at jeg selv var lige så rig som den, der bor her..." De sande troende vil naturligvis ikke lade denne tanke udvikle sig til tanker om at stjæle. Men gennem denne form for tænkning: "Jeg ville ønske, at jeg også kunne have det samme", kan grådigheden komme ind i deres hjerter.

Og hvis grådigheden kommer ind i hjertet, så er det kun et spørgsmål om tid, før vedkommende begår en synd. Som der står i Jakobsbrevet 1:15: *"Når man fristes, er det ens eget begær, der drager og lokker én; når så begæret har undfanget, sætter det synd i verden, og når synden er vokset op, føder den død."* Der er troende, som ender med at begå forbrydelser, fordi de overvindes af deres begær eller grådighed.

I Josvabogen kapitel 7 læser vi om Akan, som overvindes af denne type grådighed og ender med at dø som straf. Josva, som var den leder, der fulgte efter Moses, var i gang med at erobre Kana'ans land. Israelitterne havde netop besat Jeriko. Josva advarede sit folk om at alt, som kom fra Jeriko, var helliget Gud, så ingen måtte lægge hånd på det.

Men Akan begærede alt det dyre tøj, sølv og guld, som han så, og han gemte i al hemmelighed en del af det til sig selv. Da Josva ikke vidste noget om dette, fortsatte han til den næste by Aj for at erobre den. Aj var en lille by, og israelitterne troede, at det ville være et let slag. Men til deres store forbløffelse tabte de slaget. Så sagde Gud til Josva, at det var på grund af Akans synd. Konsekvensen var, at ikke kun Akan, men også hele hans familie og alle hans husdyr måtte dø.

I Anden Kongebog kapitel fem læser vi om Gehazi, som var Elisas tjener, og som blev spedalsk, fordi han begærede ting, som han ikke burde have efterstræbt. General Na'aman vaskede sig syv gange i Jordan for at blive renset for sin spedalskhed. Da han var blevet helbredt, ønskede han at give Elisa en gave som tak. Men Elisa ville ikke modtage noget.

Da general Na'aman var på vej tilbage til sit hjemland, løb Gehazi efter ham og bad om forskellige gaver med den påstand, at Elisa havde sendt ham. Men han tog selv gaverne og gemte dem. Desuden forsøgte han at bedrage Elisa, da han kom tilbage til ham, til trods for at Elisa havde vidst lige fra begyndelsen, hvad han var ude på. Og så fik Gehazi den spedalskhed, som Na'aman havde haft.

Det samme var tilfældet med Ananias og hans kone Safira, som beskrives i Apostlenes Gerninger kapitel 5. De solgte en ejendom og lovede at give Gud de penge, de havde tjent på salget. Men da de først havde pengene i hænderne, skiftede de mening, så de gemte en del af dem til sig selv og bragte resten hen til apostlene. De forsøgte at narre apostlene på grund af deres begær efter penge. Men at narre en apostel er det samme som at narre Helligånden, så deres sjæle forlod dem i samme øjeblik og de døde begge på stedet.

Begærlige hjertet fører til døden

Begærlighed er en stor synd, som i sidste ende fører til døden. Det er derfor afgørende for os at skille os af med begærligheden i vores hjerter, samt alle former for fristelser og grådighed, som får os til at efterstræbe denne verdens kødelige ting. Hvad nytter det at opnå denne verdens ting, hvis man mister livet?

Men selv om man måske ikke har rigdom i denne verden, så vil man i sandhed være et rigt menneske, hvis man tror på Herren og har det sande liv. Som vi lærer af lignelsen om den rige mand og tiggeren Lazarus i Lukasevangeliet kapitel 16, er det en sand velsignelse at blive frelst, når man har skilt sit af med sin begærlighed.

Den rige mand, som ikke havde tro på Gud og heller ikke håb om himlen, levede et liv i overflod – han havde fint tøj, tilfredsstillede sin verdslige grådighed og fornøjede sig med verdslige glæder. Tiggeren Lazarus levede ved den rige mands port. Hans liv var meget ydmygt; hundene kom for at slikke hans sår. Men han priste Gud af hjertets grund og havde altid håb om himlen.

Til sidst døde både den rige mand og Lazarus. Tiggeren blev ført til Abrahams skød af englene, men den rige mand kom til graven, hvor han led. Han var tørstig på grund af fortvivlelsen og ilden, og bad derfor om bare en enkelt dråbe vand. Men ikke engang dette kunne han få.

Lad os forestille os, at den rige mand fik endnu en chance for at leve her på jorden. Så ville han nok vælge at få det evige liv i himlen, selv om det betød, at han måtte have et fattigt liv på denne jord. Og hvis nogen lever i nød her på jorden ligesom Lazarus, så kan de opnå materielle velsignelser, når de lærer, hvordan de skal frygte Gud og leve i hans lys.

Da Sara døde, ville hendes mand Abraham, trosfaderen, købe Makpelas hule for at begrave Sara der. Hulens ejer sagde, at han måtte få den gratis, men Abraham afslog, og betalte den fulde pris. Det gjorde han, fordi han ikke havde den mindste begærlighed i hjertet. Han kunne slet ikke forestille sig at tage noget, som ikke tilhørte ham (Første Mosebog 23:19).

Abraham elskede Gud og adlød hans ord. Han levede et liv i ærlighed og integritet. Derfor fik han ikke kun materiel velstand her på jorden, men blev også velsignet med et langt liv, berømmelse, magt, efterkommere og meget mere. Han fik endda den åndelige velsignelse at blive kaldt "Guds ven."

Åndelige velsignelser overgår alle materielle velsignelser

Nogle gange spørger folk undrende: "Det menneske ser ud til at være en rigtig god troende, så hvordan kan de være, at han tilsyneladende ikke får ret mange velsignelser?" Hvis et menneske er en sand følger af Kristus og lever hver dag med sand tro, så vil vi se, at Gud velsigner ham med de bedste ting.

Som der står i Tredje Johannesbrev 1:2: *"Min kære, frem for alt ønsker jeg, at du må have det godt og være rask, ligesom din sjæl har det godt."* Gud velsigner os frem for alt med sjælens velbefindende. Hvis vi lever som Guds hellige børn, skiller os af med alt ondt i vores hjerter og adlyder hans bud, vil han helt sikkert velsigne os, sådan at vi har det godt på alle måder, også helbredsmæssigt.

Men hvis nogen tilsyneladende får en masse materielle velsignelser, uden at deres sjæl trives, så vil der ikke være tale om velsignelser fra Gud. I dette tilfælde vil rigdommen i sidste ende føre til grådighed. Grådigheden vil medføre synd, og til sidst vil disse mennesker falde bort fra Gud.

Når folk bliver udsat for vaskelige situationer, kan de til tider sætte deres lid til Gud med rene hjerter og tjene ham med flid og kærlighed. Men desværre sker det tit, at når disse mennesker får materielle velsignelser gennem deres arbejde, begynder deres hjerte at efterstræbe verdslige ting. De undskylder sig med, at de har travlt, men i sidste ende komme de bort fra Gud. Når de har lave indkomster, giver de fuldt tiende med glæde og taknemmelighed, men når deres indtjening vokser, og deres tiende også bør blive større, begynder deres hjerter at tvivle. Hvis vi har så foranderlige hjerter, og vi kommer bort fra Guds ord for i sidste ende at være ligesom verdslige mennesker, så vil de velsignelser, vi har fået, rent faktisk ende med at blive vores ulykke.

Men de sjæle, som trives, vil ikke begære noget i denne verden, og selv om de får velsignelser i form at ære og held fra Gud, bliver de ikke grådige efter mere. De vil hverken brokke sig eller beklage sig, selv om de ikke har verdslige goder, for de vil være villige til at ofre alt – selv deres liv – for Gud.

Mennesker, hvis sjæl trives, vil bevare deres tro og tjene Gud uanset omstændighederne. Og de vil bruge de velsignelser, de får, til Gud rige og herlighed. Da disse mennesker ikke har den mindste tendens til at efterstræbe verdslige glæder, opsøge overfladiske forlystelser eller gå dødens vej, vil Gud velsigne dem i overflod.

De åndelige velsignelser er derfor langt vigtigere end denne verdens fysiske velsignelser, der forsvinder som tåge. Så vi må frem for alt efterstræbe de åndelige velsignelser.

Vi bør aldrig søge Guds velsignelser for at tilfredsstille verdslige lyster

Selv om vi endnu ikke har fået den åndelige velsignelse at vores sjæl trives, så vil Gud fylde os, når tiden er inde, hvis vi fortsætter med at gå på retfærdighedens vej og søge ham med tro. Folk beder ofte for, at noget skal ske lige med det samme. Men alt under himlen har sin tid og varighed, og Gud kender det bedste tidspunkt. Til tider vil Gud lade os vente, sådan at han kan give os endnu større velsignelser.

Hvis vi beder Gud om noget i sand tro, så vil vi få kraften til at bede kontinuerligt, indtil vi får svar. Men hvis vi beder om noget af kødelig lyst, vil vi ikke få evnen til virkelig at tro, og vi vil ikke få noget svar ligegyldigt hvor meget, vi beder.

I Jakobsbrevet 4:2-3 står der: *"I strides og kæmper, men opnår intet, fordi I ikke beder; eller I beder og får alligevel intet, fordi I beder dårligt, kun for at ødsle det bort i jeres lyster."* Gud kan ikke svare os, når vi beder om noget for at tilfredsstille vores verdslige lyster. Hvis en ung studerende beder sine forældre om penge til at købe noget, han ikke burde købe, bør forældrene ikke give ham pengene.

Vi skal derfor ikke bede og søge med vores egne tanker, men i stedet med Helligåndens kraft, og vi bør stræbe efter det, der stemmer overens med Guds vilje (Judasbrevet 1:20). Helligånden kender Guds hjerte, og han kan forstå Guds dybte. Så hvis man sætter sin lid til Helligåndens vejledning under bønnen, kan man få Guds svar på alle sine bønner.

Så hvordan kan vi sætte vores lid til Helligåndens vejledning og bede i overensstemmelse med Guds vilje?

For det første må vi væbne os med Guds ord og anvende dem i vores liv, sådan at vores hjerter kan blive ligesom Jesu Kristi hjerte. Hvis vi får samme hjerte som Kristus, vil vi helt naturligt bede i overensstemmelse med Guds vilje, og så kan vi hurtigt få svar på alle vores bønner. Dette skyldes at Helligånden, som kender Guds hjerte, vil overvåge vores hjerter, så vi kan bede om de ting, vi i sandhed har brug for.

Som der står i Matthæusevangeliet 6:33: *"Men søg først Guds rige og hans retfærdighed, så skal alt det andet gives jer i tilgift."* Søg først Gud og hans rige, og bed derefter om de ting, du har brug for. Hvis man starter med at bede efter Guds vilje, vil man se, at han udøser sine velsignelser over ens liv, sådan at man får i overflod af alt det, man har brug for her på jorden.

Derfor bør vi konstant opløfte vores sande og helhjertede

bønner til Gud. Når vi oplagrer kraftfulde bønner med Helligåndens vejledning på daglig basis, vil ethvert begær og enhver syndefuld natur blive udskilt af hjertet for evigt, og vi vil få hvad som helst, vi beder om.

Apostelen Paulus var borger i Romerriget og studerede under Gamaliel, den bedste og mest berømte lærde på sin tid. Men Paulus var ikke interesseret i verdslige ting. For Kristi skyld anså han alt, hvad han havde, for skarn. Ligesom Paulus bør også vi elske og efterstræbe Jesu Kristi lære, sandhedens ord.

Hvilken gavn vil vi have af at opnå alverdens velstand, ære, magt, osv., hvis vi ikke har det evige liv? Men hvis vi ligesom Paulus forsager al verdens rigdom og lever vores liv i overensstemmelse med Guds vilje, så vil Gud velsigne os, sådan at vores sjæl trives. Så vil vi blive anset for "store mennesker" i himlen, og vi vil få succes på alle områder af vores liv her på jorden.

Jeg beder for, at du vil skille dig af med enhver grådighed eller begærlighed i hjertet og livet, flittigt søge at være tilfreds med det, du allerede har, og bevare håbet om himlen. Så er jeg sikker på, at du vil leve et liv i overflod med taknemmelighed og glæde.

Kapitel 12

At holde sig til Guds lov

Ordsprogenes Bog 8:17

"Jeg elsker dem, der elsker mig, og de, der søger mig, finder mig."

I Matthæusevangeliet kapitel 22 er der en scene, hvor en af farisæerne spørger Jesus, hvilket af lovens bud, er der det største.

Jesus svarede: *"'Du skal elske Herren din Gud af hele dit hjerte og af hele din sjæl og af hele dit sind.' Det er det største og første bud. Men det andet, som står lige med det: 'Du skal elske din næste som dig selv.' På de to bud hviler hele loven og profeterne"* (Matthæusevangeliet 22:37-40).

Det betyder, at hvis vi elsker Gud af hele vores hjerte og af hele vores sjæl og af hele vores sind, og vi elsker vores næste som os selv, så kan vi også let adlyde alle de andre bud.

Hvis vi i sandhed elsker Gud, hvordan skulle vi så kunne begå de synder, som han afskyr? Og hvis vi elsker vores næste som os selv, hvordan kan vi så udvise ondskab overfor andre?

Hvorfor gav Gud os disse bud?

Så hvorfor gjorde Gud sig det besvær at give os alle de ti bud, i stedet for bare at sige til os: "Elsk din Gud og elsk din nabo som dig selv."?

Det skyldes, at det på gammeltestamentlig tid, før Helligåndens ære, var vanskeligt for folk i sandhed at elske af hjertets grund kun med egen vilje. Så gennem de ti bud, som gav israelitterne tilstrækkelig vejledning, førte Gud dem til at elske og frygte ham, samt at elske deres næste gennem deres handlinger.

Indtil nu har vi kigget på de ti bud hver for sig, men nu vil vi se på dem som to store grupper: Kærlighed til Gud, og kærlighed til vores næste.

Buddene 1-4 kan opsummeret på denne måde: "Elsk Herren din Gud af hele dit hjerte og af hele din sjæl og af hele dit sind." De forskellige måder at elske Gud på indbefatter kun at elske Gud Skaberen, at undlade at lave falske gudebilleder og tilbede dem, at være forsigtig med ikke at misbruge Guds navn, og at holde sabbatsdagen hellig.

Buddene 5 til 10 kan opsummeres som følger: "Elsk din næste som dig selv." Det at ære sine forældre, afstå fra mord, tyveri, falske vidnesbyrd, begærlighed osv., er alle metoder til forhindre ondskab overfor andre, eller overfor vores næste. Hvis vi elsker vores næste som os selv, vil vi ikke ønske at udsætte andre for lidelser, og så vil vi være i stand til at adlyde disse bud.

Vi må elske Gud af hjertets grund

Gud tvinger os ikke til at adlyde hans bud. Han fører os til at adlyde dem på grund af vores egen kærlighed til ham.

Som der står i Romerbrevet 5:8: *"Men Gud viser sin kærlighed til os, ved at Kristus døde for os, mens vi endnu var syndere."* Gud har allerede vist os sin store kærlighed.

Det er vanskeligt at finde et menneske, som er villigt til at dø for en anden, selv om det er et godt og retfærdigt menneske, eller endda en nær ven. Men Gud sendte sin enbårne søn Jesus Kristus til at dø i syndernes sted, for at befri dem for den forbandelse de var under ifølge loven. Så Gud demonstrerede en kærlighed, som går hinsides retfærdigheden.

Som der står i Romerbrevet 5:5: *"Og det håb gør ikke til skamme, for Guds kærlighed er udgydt i vores hjerter ved Helligånden, som er givet os."* Gud giver Helligånden som gave til alle de børn, der tager imod Jesus Kristus, sådan at de for alvor kan forstå Guds kærlighed.

Det er derfor, de mennesker, som er blevet frelst ved troen og døbt med vand og Helligånd, kan elske Gud. Og de elsker ikke kun med deres sind, men af hjertets grund, og det lader dem holde sig til hans bud af sand kærlighed til ham.

Guds oprindelige vilje

Gud skabte oprindeligt mennesket, fordi han ønskede at have sande børn, som han kunne elske, og som ville elske ham af deres egen frie vilje. Men hvis nogen adlyder alle Guds bud uden at elske ham, hvordan kan man så sige, at han er et sandt barn af Gud?

En betalt arbejder, som får løn, kan ikke arve mesterens forretning, men mesterens barn, som er helt anderledes end den betalte medarbejder, kan godt arve virksomheden. På samme måde kan de, som adlyder alle Guds bud, få alle de velsignelser, han har lovet, men hvis de ikke forstår Guds kærlighed, kan de ikke for alvor være Guds sande børn.

Så de, som forstår Guds kærlighed og holder sig til hans bud, arver himlen og kan få bolig i den smukkeste del af den, da de er Guds børn. Når de lever ved Faderens side, kan de leve i en herlighed så klar som solen i evighed.

Gud vil, at alle mennesker, som bliver frelst gennem Jesus Kristi blod, og som elsker ham af hjertets grund, skal bo hos ham i Ny Jerusalem, hvor hans trone står, og han ønsker, at de skal få del af hans kærlighed til evig tid. Det er derfor, Jesus siger i Matthæusevangeliet 5:17: *"Tro ikke, at jeg er kommet for at nedbryde loven og profeterne. Jeg er ikke kommet for at nedbryde, men for at opfylde."*

Bevis for vores kærlighed til Gud

Det er først, når vi forstår den sande grund til at Gud gav os sine bud, at vi kan opfylde loven med vores kærlighed til Gud. Da vi har buddene eller lovene, kan vi fysisk vise vores kærlighed, som ellers er et abstrakt koncept, der er svært at se med det fysisk øje.

Folk siger ofte: "Gud, jeg elsker dig af hele mit hjerte, så velsign mig." Men hvordan kan retfærdighedens Gud tro på denne udtalelse, hvis der ikke er nogen standart at måle med? Da vi netop har en standart, nemlig buddene eller loven, kan vi se, om vi virkelig elsker Gud af hele hjertet. Hvis folk siger med munden, at de elsker Gud, men ikke holder sabbatsdagen hellig, som Gud befaler os, så kan vi se, at de ikke elsker Gud for alvor.

Guds bud er dermed en standart, som vi kan bruge til at undersøge og bevise, hvor meget vi elsker Gud.

Derfor står der i Første Johannesbrev 5:3: *"For dette er kærlighed til Gud: at vi holder hans bud; og hans bud er ikke tunge."*

Jeg elsker dem, som elsker mig

De velsignelser, vi får fra Gud, når vi adlyder hans bud, er velsignelser, som ikke forsvinder eller blegner.

Hvad skete der for eksempel med Daniel, som behagede Gud med sin sande tro, og som aldrig gik på kompromis med verden?

Daniel var oprindelig fra Judas stamme, og han var efterkommer af kongefamilien. Men da det nordlige Juda syndede mod Gud, foretog kong Nebukadnesar af Babylon den første invasion af nationen i år 605 før Kristus. Daniel, som var helt ung, blev taget til fange og ført til Babylon.

I overensstemmelse med kongens politik for kulturindlæring blev Daniel og adskillige andre unge mænd, som også var blevet taget til fange, udvalgt til at leve på Nebukadnesars slot og blive undervist i kaldæernes sprog i tre år.

Daniel bad om at blive fritaget fra at få sin mad fra kongens taffel, for han var bange for at blive uren gennem mad, som Gud havde forbudt ham at spise. Da han var fange, havde han på ingen måde ret til at afvise den mad, som kongen tildelte ham, men Daniel ønskede at gøre alt, hvad der var i hans magt, for at holde sin tro ren overfor Gud.

Gud så Daniels oprigtige tro, og han bevægede hofchefens hjerte, sådan at han gav Daniel lov til at undlade at spise og drikke kongens mad og vin.

Med tiden blev Daniel forfremmet til en stilling som præsident i den ikke-jødiske nation Babylon ved at holde sig til Guds bud. Daniel havde en urokkelig tro, som afholdt ham fra at gå på kompromis med verden, og Gud var tilfreds med ham. Så selv om landene forandredes og kongerne skiftede, blev Daniel ved med at udmærke sig på alle måder, at han fik til stadighed Guds kærlighed.

De, som søger mig, finder mig

Vi kan stadig se denne type af velsignelser i dag. Enhver, som har en tro ligesom Daniels, undlader at gå på kompromis med verden og holder sig til Guds bud med glæde, vil få en overflod af velsignelser fra Gud.

For omkring ti år siden arbejdede en af vores ældre i en af landets førende finansieringsselskaber. Selskabet forsøgte konstant at tiltrække klientel, og holdt derfor regelmæssige møder med klienterne for at drikke, ligesom der blev spillet golf med klienterne i weekenden. På daværende tidspunkt var vedkommende diakon, og da han havde fået denne position og var begyndt for alvor at forstå Guds kærlighed, drak han aldrig med klienterne, og han kom altid til gudstjeneste om søndagen til trods for selskabets verdslige praksis.

En dag sagde selskabets administrerende direktør til ham, at han måtte vælge mellem selskabet og kirken. Da vores medlem er et menneske med faste overbevisninger, tøvede han ikke med at svare: "Dette selskab er vigtigt for mig, men hvis du beder mig om at vælge mellem det og min kirke, så må jeg vælge kirken."

Gud bevægede på mirakuløs vis direktørens hjerte, så han tildelte vores medlem flere ansvarsområder, og til sidst blev han forfremmet. Men det var ikke det hele. Kort efter fulgte en række af forfremmelser, og vores medlem blev selv administrerende direktør for et selskab!

Så når vi elsker Gud og forsøger at holde os til hans bud, hjælper han os til at udmærke os i hvad som helst, vi gør, og han velsigner os på alle livets områder.

Samfundets love kan ændre sig med tiden, men det, som Gud har lovet os, forandrer sig ikke. Uanset hvilken tidsperiode, vi lever i, og uanset hvem vi er, kan vi få de velsignelser, som Gud har lovet os, hvis bare vi adlyder og lever i overensstemmelse med Guds ord.

At holde sig til Guds lov

De ti bud, som er den lov, Gud gav Moses, lærer os standarten for, hvordan vi kan få Guds kærlighed og velsignelser.

Som der står i Ordsprogenes Bog 8:17: *"Jeg elsker dem, der elsker mig, og de, der søger mig, finder mig."* Vi kan modtage hans kærlighed og velsignelser i den grad, vi holder os til hans love.

Jesus sagde i Johannesevangeliet 14:21: *"Den, der har mine bud og holder dem, han er den, der elsker mig; og den, der elsker mig, skal elskes af min fader; også jeg skal elske ham og give mig til kende for ham."*

Virker Guds love tunge og tvingende? Men hvis vi i sandhed

elsker Gud af hjertets grund, kan vi adlyde dem. Og hvis vi kalder os for Guds børn, bør vi holder os til dem.

Dette er vores vej til Guds kærlighed, vejen til at møde Gud og til at få hans svar på vores bønner. Og det vigtigste er, at hans lov holder os borte fra synden og leder os på frelsens vej, så loven er en stor velsignelse for os!

Forfædre i troen som Abraham, Daniel og Josef fik den velsignelse at blive ophævet over alle folk, fordi de holdt sig til Guds lov. De blev velsignet, når de kom hjem, og når de gik ud. Og velsignelserne kom ikke kun til dem på alle områder af deres jordiske liv, men selv i himlen, hvor de fik den velsignelse at få bolig i en herlighed så klar som solen.

Jeg beder i vor Herres navn om, at du uophørligt vil låne øre til Guds ord, fryde dig over Herrens lov, grunde over den dag og nat og derved holde dig fuldt og helt til den.

"Se, hvor jeg elsker dine forordninger,
Herre, hold mig i live i din godhed!
Stor er lykken for dem, der elsker din lov,
intet får dem til at snuble.
Jeg håber på din frelse, Herre,
og jeg følger dine befalinger.
Min tunge lovsynger dit ord,
for alle dine befalinger er retfærdige"
(Salmernes Bog 119:159, 165, 166, 172).

Forfatteren:
Dr. Jaerock Lee

Dr. Jaerock Lee blev født i Muan, Jeonnam provinsen, i den koreanske republik i 1943. Da han var i tyverne, led han af en række uhelbredelige sygdomme syv år i træk, og ventede på døden uden håb om bedring. En dag i foråret 1974 tog hans søster ham dog med i kirke, og da han knælede for at bede, helbredte den Levende Gud straks alle hans sygdomme.

Fra det øjeblik, hvor Dr. Lee mødte den Levende Gud gennem denne vidunderlige oplevelse, elskede han Gud oprigtigt af hele sit hjerte, og i 1978 blev han kaldet som Guds tjener. Han bad indtrængende om klart at forstå og opfylde Guds vilje, og adlød alle Guds bud. I 1982 grundlagde han Manmin Centralkirke i Seoul, Korea, og siden da har utallige af Guds gerninger fundet sted i denne kirke, inklusiv mirakuløse helbredelser og undere.

I 1986 blev Dr. Lee ordineret som pastor ved den årlige forsamling for Jesu Sungkyul kirke i Korea, og fire år senere i 1990 begyndte hans prædikener at blive udsendt til Australien, Rusland, Filippinerne og mange andre steder gennem det Fjernøstlige Udsendelsesselskab, Asiatisk Udsendelsesstation og Washington Kristne Radio.

Tre år senere i 1993 blev Manmin Centralkirke placeret på Top 50 for kirker over hele verden af magasinet *Christian World* i USA, og Dr. Lee modtog et æresdoktorat i guddommelighed fra Fakulteter for Kristen Tro i Florida, USA, og i 1996 en Ph.D i præsteembede fra Kingsway Teologiske Seminar, Iowa, USA.

Siden 1993 har Dr. Lee været en førende person i verdensmissionen gennem mange oversøiske kampagner i USA, Tanzania, Argentina,

Uganda, Japan, Pakistan, Kenya, Filippinerne, Honduras, Indien, Rusland, Tyskland, Peru og Congo, og i 2002 blev han kaldt en "verdensomspændende pastor" af en større kristen avis i Korea på grund af hans mange oversøiske kampagner.

Siden oktober 2013 har Manmin Centralkirke været en menighed med mere end 120.000 medlemmer. Der er 10.000 inden og udenrigs søsterkirker over hele kloden, og der er indtil videre udsendt mere end 129 missionærer til 23 lande, inklusiv USA, Rusland, Tyskland, Canada, Japan, Kina, Frankrig, Indien, Kenya og mange flere.

Indtil nu har Dr. Lee skrevet 88 bøger, blandt andet bestsellerne *En Smagsprøve på Det Evige Liv før Døden; Mit Liv, Min Tro I & II; Budskabet fra Korset; Målet af Tro; Himlen I & II; Helvede* og *Guds Kraft* og hans værker er blevet oversat til mere end 76 sprog.

Hans kristne artikler er udsendt i *Hankook Ilbo, JoongAng Daily, Dong-A Ilbo, Chosun Ilbo, Munhwa Ilbo, Seoul Shinmun, Kyunghyang Shinmun, The Korea Economic Daily, The Korea Herald, Shisa News* og *The Christian Press.*

Dr. Lee er for øjeblikket leder af mange missionsorganisationer og foreninger, blandt andet bestyrelsesformand for Korea Forenede Hellighedskirke, Grundlægger og bestyrelsesformand for det Globale Kristne Netværk (GCN), Grundlægger og Bestyrelsesformand for Verdensnetværket af Kristne Læger (WCDN) og Grundlægger og Bestyrelsesformand for Manmin Internationale Seminar (MIS).

Andre stærke bøger af samme forfatter

Himlen I & II

En detaljeret skitse af det prægtige liv som de himmelske borgere vil nyde, og en beskrivelse af forskellige niveauer af himmelske riger.

Budskabet fra Korset

En stærk vækkelsesbesked til alle menneske, som sover i spirituel forstand. I denne bog vil du se årsagen til, at Jesus er den eneste Frelser, og fornemme Guds sande kærlighed.

Helvede

En indtrængende besked til hele menneskeheden fra Gud, som ikke ønsker at en eneste sjæl skal falde i helvedes dyb! Du vil opdage en redegørelse, som aldrig før er blevet offentliggjort, over de barske realiteter i Hades og helvede.

Ånd, Sjæl og Krop I & II

Gennem en åndelig forståelse af ånd, sjæl og krop, som er menneskets komponenter, kan læserne få indblik i deres "selv" og opnå indsigt i selve livet. Denne bog viser læserne genvejen til at deltage i den guddommelige natur og få alle de velsignelser, som Gud har lovet.

Målet af Tro

Hvilken slags himmelsk bolig og hvilken slags krans og belønninger er blevet gjort klar i himlen? Denne bog giver visdom og vejledning til at måle sin tro, og kultivere den bedste og mest modne tro.

Vågn op, Israel

Hvorfor har Gud holdt øje med Israel fra verdens begyndelse indtil nu? Hvad er hans forsyn for de sidste dage for Israel, som venter på Messias?

Mit Liv, Min Tro I & II

En velduftende spirituel aroma, som er et ekstrakt af den uforlignelige kærlighed til Gud, som blomstrede op midt i mørke bølger, under det tungeste åg og i den dybeste fortvivlelse.

Guds Kraft

En essentiel vejledning, hvorved man kan opnå sand tro og opleve Guds forunderlige kraft. En bog, som må læses.

www.ingramcontent.com/pod-product-compliance
Lightning Source LLC
LaVergne TN
LVHW101919220826
846093LV00009B/301
* 9 7 9 1 1 2 6 3 0 5 6 3 6 *